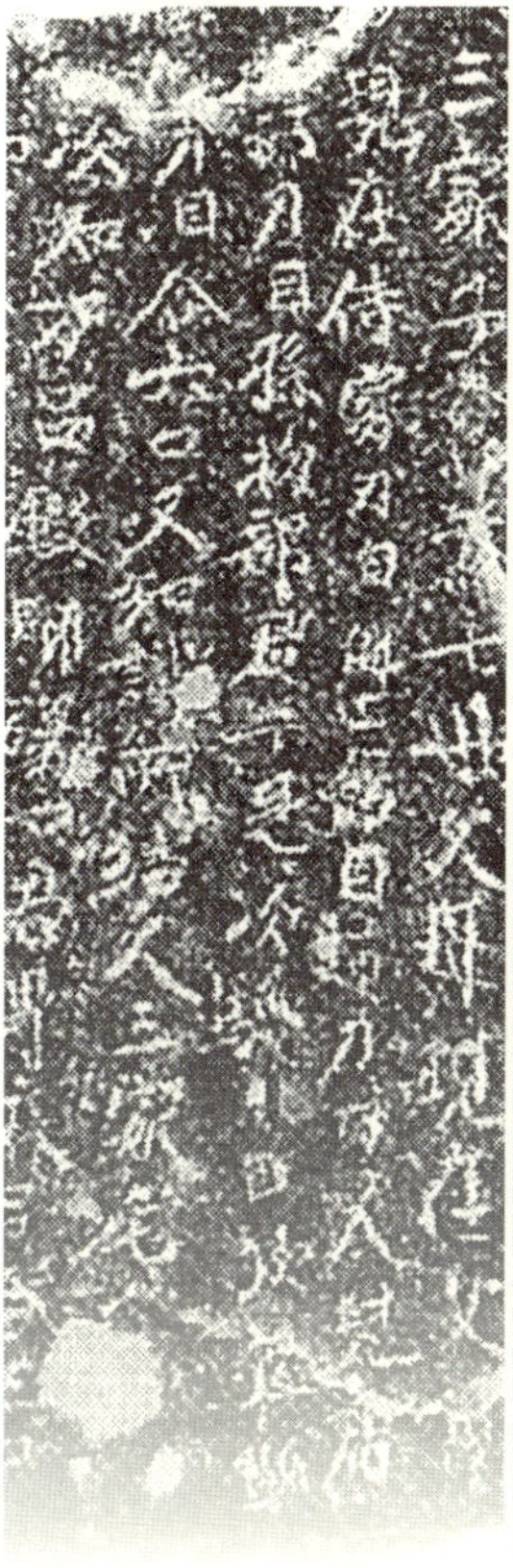

上野三碑を読む

熊倉 浩靖 著

序章　上野三碑をご存知ですか。

上野三碑は、半径わずか一・五㎞にある
多くの人に読み継がれる石碑です。

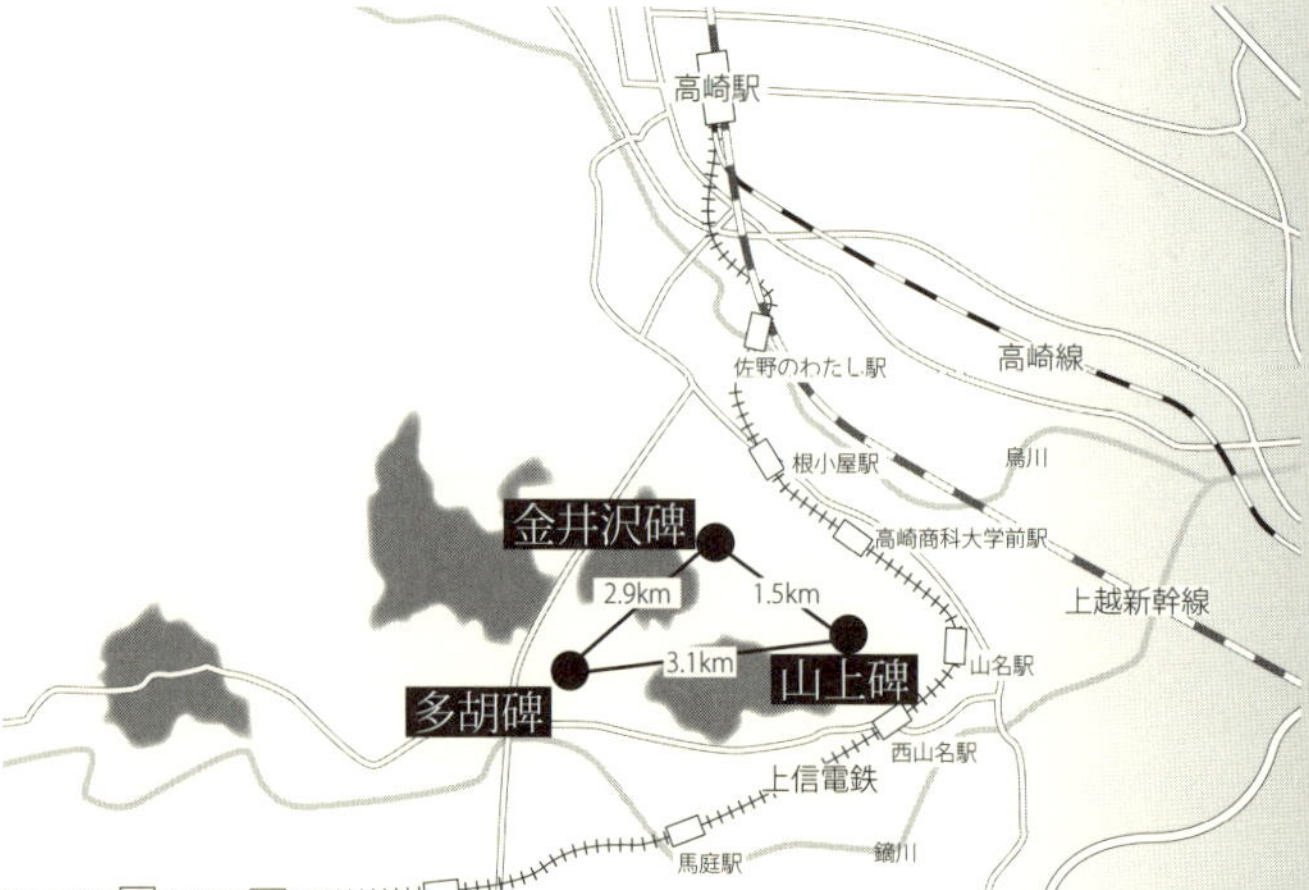

【世界記憶遺産候補・上野三碑】

平成二十三（二〇一一）年五月「山本作兵衛の炭坑記録画・記録文書」世界記憶遺産登録の知らせに衝撃を受けた方は少なくないと思います。初耳の事ばかりだったからです。

「山本作兵衛って誰？ そんな作家がいたの？」

「炭坑記録画って何？ そんな絵画、美術史で習った？」

「だいたい世界記憶遺産って何？ それも世界遺産なの？」

世界記憶遺産、英語ではMemory of the World。「世界の記憶」とも訳され、世界遺産（World Heritage）、無形文化遺産（Intangible Cultural Heritage）と並ぶユネスコ三大事業の一つです。人類の歴史にとってかけがえのない直筆の文書・書籍・ポスター・絵・地図・音楽・映画などを人類共有の記憶つまり遺産として守っていきましょうという事業です。しかし、日本での知名度が低かったことは事実です。そんなのもあるのか。恥ずかしながら、私もその一人でした。

それから僅か五年。『アンネの日記』やベートーヴェンの交響楽第九番の自筆譜面などが世界記憶遺産に登録されていると聞いて、理解が深まりつつあります。平成二十五年（二〇一三）には、藤原道長の日記『御堂関白記《みどうかんぱくき》』と「慶長遣欧使節関係資料」が、二十七年には「東寺百合文書《ひゃくごう》」と「舞鶴への生還」が世界記憶遺産に登録されました。漸く世界遺産、無形文化遺産と並ぶ存在になりつつあります。しかし審査は二年に一回、各国二件までの狭い門です。そこで平成二十九年（二〇一七）審査に向けては、国内公募・選考という方法が取られるようになり、一六もの案件が挙げられました。

「上野三碑《こうずけ》」は、その難関を突破して、日本が申請する世界記憶遺産候補となりました。

群馬県高崎市の山名町《やまなまち》・吉井町《よしいまち》に所在する山上（やまのうえ）碑・多胡（たご）碑・金井沢（かないざわ）碑と称されている三つの碑のことです。それぞれの碑に記されている年次から、山上碑は西暦六八一年、多胡碑は七一一年、金井沢碑は七二六年に建てられたと見られています。

一三〇〇年も前に建てられた日本最古の石碑群です。

ですが、そもそも「上野三碑」の「上野」をどうして「こうずけ」と読むのか。読めないという人がほとんどです。「上野（こうずけ）」というのは、今日の群馬県とほぼ重なる古代以来の国名です。武蔵《むさし》国・相模《さがみ》国・信濃《しなの》国などと同じ由緒ある地域名なのですが、時代の移り変わりとともに表記と読みにねじれが生じてしまったため、分かりにくくなっています。

飛鳥時代には「上毛野國《（国）》」と書かれ「かみつけののくに」と呼ばれていました。それが大宝元年（七〇一）の大宝律令の制定・施行あたりから、地名はできるだけ二文字で書き表すようにということで、読みは「かみつけの」のままですが、表記は「上野」となりました。読みには「け」の音があるのに、表記からは「毛」の文字が消えました。最初のねじれです。

読みも「かみつけの」→「かみつけ」→「かんづけ」→「こうずけ」と変化し、「上野」と書いて「こうずけ」と読むようになりました。吉良上野介や小栗上野介をご存知の方は得心いただけると思いますが、表記には「野」があるのに、読みからは「の」が消えました。第二のねじれです。

とば口からこんなに厄介な、しかも一三〇〇年も前に建てられた日本最古の石碑群となると、そんなもの読めないのではないかと、思われる方が多いかもしれません。

それが全く違うのです。比較的容易に読むことができるのです。そのことを実感していただきながら、同時に、三碑に刻まれた内容から実に多くのことが分かってくる、飛鳥・奈良時代の日本、さらには東アジアに繋がる歴史がくっきりと見えてくることを堪能していただきたいものです。

さらに、今、少しぎくしゃくしている東アジアの関係を解きほぐし、東アジアを平和と友好の世界に磨き上げて行く道標ともなりうることを実感していただきたいものです。

【碑という形が持つ大きな価値】

古墳時代半ばから列島各地で文が書かれた証拠が次々と見つかっていますが、刀剣や鏡はほとんどがお墓の中かお宮の中に納められます。仏様の造像名も目につきにくい光背や框《かまち》に書かれています。瓦や土器、木簡などは覚書や荷札です。これらは公開の場で多くの人に読み継がれることを目的としていません。また、移動しても、その価値を失いません。

これに対して碑は公開の場で多くの人に読み継がれることを第一の目的としています。読み継がれない碑は存在価値がありません。そして建てられている場所に意味があります。碑は建てられた地点を大きく移動したら意味を失います。ここに碑という形式の最大の特徴があります。

上野三碑は、半径わずか一・五㎞、時間差半世紀の間に次々と建てられました。その地には漢字・漢文から工夫して、自らの言葉「日本語」として表記したものを読み合う人々があまたいたということです。

日本語誕生の地のひとつです。そこにタイムスリップしての読み解きをご一緒しませんか。

目次

【掲載写真について】

・山上碑　カバー、表紙、扉、7、8、10頁
・多胡碑　カバー、表紙、扉、37、38、40頁
・金井沢碑　カバー、表紙、扉、87、88、91頁
高崎市教育委員会文化財保護課提供
・山上多重塔　118頁
桐生市教育委員会文化財保護課提供

山上碑《やまのうえ》

建立　辛己（巳）歳（六八一年）
所在　群馬県高崎市山名町山神谷《やまなまちやまがみだに》
指定　国特別史跡（一九五四年）
形状　高一一一センチ・輝石安山岩自然石
アクセス　上信電鉄山名駅・西山名駅徒歩各二〇分

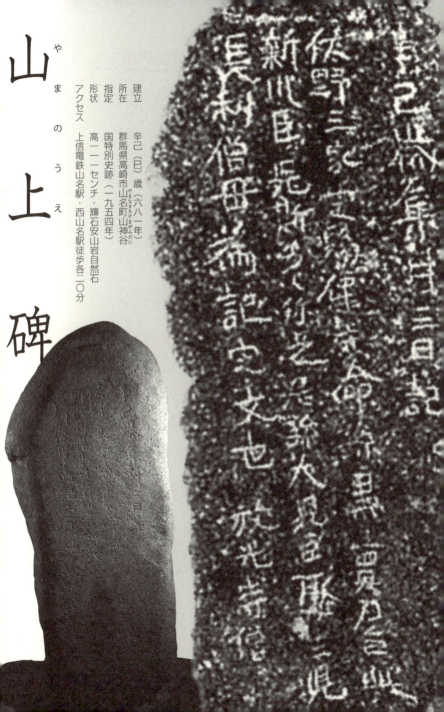

碑文を読み解く

日本語誕生の時代を垣間見る
母への感謝を記した最古の碑文。

辛己歳集月三日記	佐野三家定賜健守命孫黒賣刀自此	新川臣児斯多々弥足尼孫大児臣娶生児	長利僧母為記定文也　放光寺僧

【読み】

辛己（巳）《かのとみのとし》歳集月三日《みっか》記《しる》す
佐野三家《さののみやけ》を定《さだ》め賜《たま》はる健守命《たけもりのみこと》の孫、黒賣刀自《くろめとじ》、此《これ》を
新川臣《にひかはのおみ》の児《こ》、斯多々弥足尼《しただみのすくね》の孫、大児臣《おほごのおみ》が娶《めと》し
生《う》む児《こ》
長利僧《ながとしのほふし》、母《はは》の為《ため》に記《しる》し定《さだ》む文也《ふみなり》　放光寺僧《ほふし》

【山上碑のあらすじ】

六八一年集月三日に記しました。（集月が何月かは未定）王権直轄の開発拠点・佐野三家の管理を賜った健守命の子孫である黒賣刀自、この人を、新川臣の児・斯多々弥足尼の子孫である大児臣が娶って生まれた児である長利の僧が、自分を僧にまで育ててくれた母つまり黒賣刀自のために、感謝の心を込めて記した文です。放光寺の僧です。

拓本（石碑の写し）から、マス目へ文字を拾って入れてみましょう。

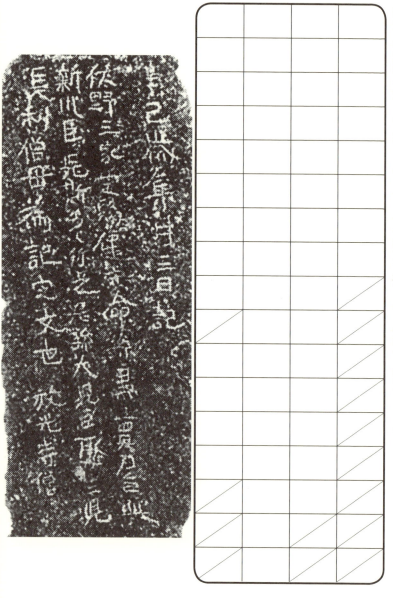

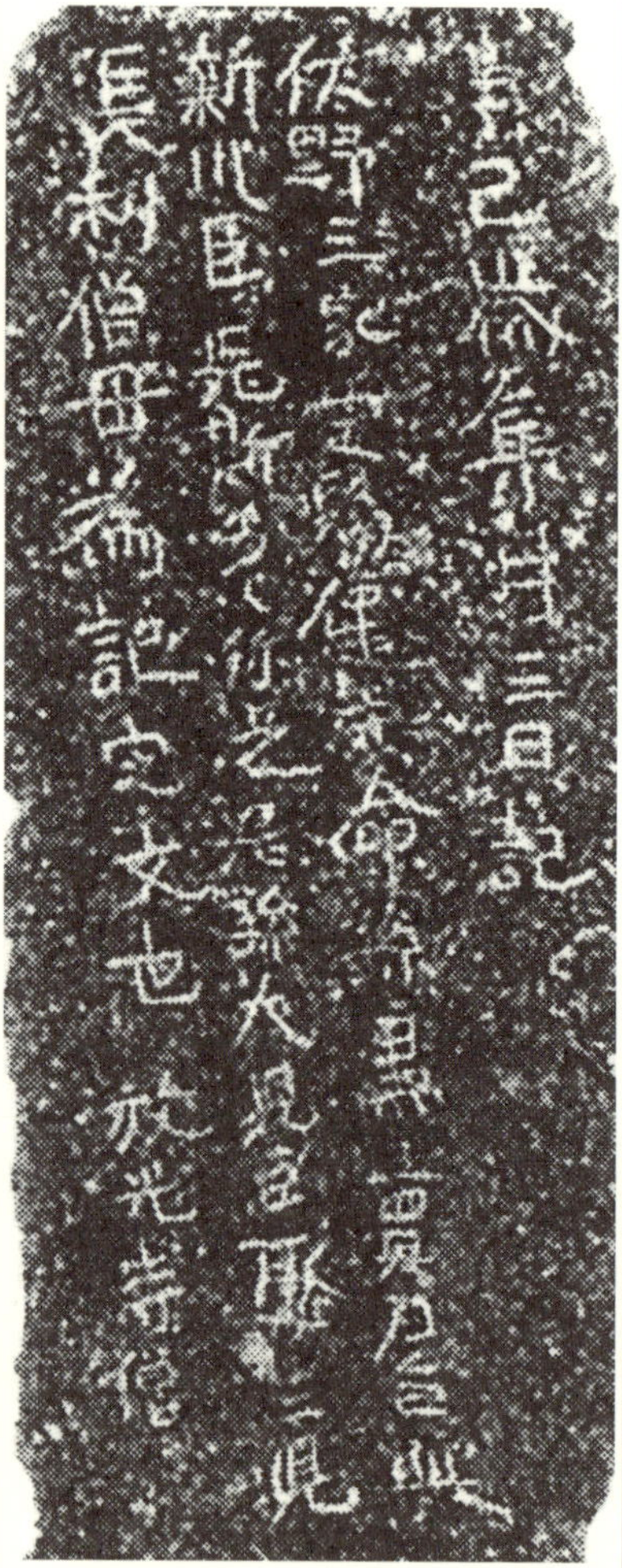

辛	佐	新	長
己	野	川	利
歳	三	臣	僧
集	家	児	母
月	定	斯	為
三	賜	多	記
日	健	々	定
記	守	弥	文
	命	足	也
	孫	尼	
	黒	孫	放
	賣	大	光
	刀	児	寺
	自	臣	僧
	此	娶	
		生	
		児	

定説となっている採字は右の通りです。全体で五三文字あります。どの程度一致していたでしょうか。

磨滅がかなり進んで読み難い文字に網掛けをしてみました。太い四角で囲んだ文字は、一般に通用している文字とは形の違う文字や旧字体、または光の関係で読み難い文字です。それ以外は、ほぼ一致したのではないでしょうか。もっと拾えたという方の方が多いかもしれません。

網掛け文字と太い四角で囲んだ文字を除くと三六文字です。六割の文字は拾えたことになります。一三〇〇年も前の碑に刻まれた文字です。風雪を受けて磨滅も進んでいます。その文字が、初めての方でも六割以上拾えるということは大変なことと思いませんか。

実は、そこに山上碑の一つの価値があります。誰もが文字が拾えるという価値です。

では、一行ずつ読んでいきましょう。まずは一行目です。

一行目を読み解く―記した時を刻む

辛己歳①集月②三日③記④
佐野三家定賜健守命孫黒賣刀自此
新川臣児斯多々弥足尼孫大児臣娶生児
長利僧母為記定文也　放光寺僧

▲読み▼

辛己《かのと》（巳）《みの》歳《とし》集月三日《みっか》記《しる》す

▲書かれていること▼

西暦六八一年と考えられる辛巳の歳、集月三日に、この碑を記しました。

①辛己歳

最初の文字は甘い辛いの「辛」ですが、「立」の下の横棒が二本あるように見えます。「辛」の一つの書き方です。飛鳥時代の法隆寺のお釈迦様の光背銘にも、奈良時代の美努岡萬《みののおかまろ》という官人の墓誌にも使われた字体です。

中国北魏の墓誌や唐の鐘銘、六世紀末の新羅の南山新城碑と呼ばれる一連の碑にも使われている字体です。

二文字目はくっきりと「己」と読めますが、本来は「巳」です。

中国でも朝鮮半島の諸国・諸地域でも「己」と「巳」と「已」は柔軟に通用しています。

三文字目は、上部の「止」が「山」のように見えますが、歳月の「歳」です。先に挙げた法隆寺のお釈迦様の銘を始め、当時としては最も一般的な字体でした。

この三字で「辛己(巳)歳」となり干支《かんし(えと)》で年を表していることが分かります。【コラム1：34頁参照】

わが国では七〇一年から年号が使われるようになりますので、干支だけで年を表す方法はそれ以前と考えられます。

同じ干支は六〇年ごとに回ってきます。七〇一年以前の辛巳歳は六八一年、六二一年となります。しかし、六二一年の上毛野国では寺の制度が整っていなかったと見られ、六八一年が定説です。

②集月

四文字目は「集」と読めそうです。「集月」となります。しかし、このままの月名はありません。月の異名を辞書類で手当たり次第調べてみましたが見当たりません。音通で十月、または月が集まるのは十二月だという説もありますが、決定打は見つかっていません。六月の異名である「焦月（焦げるように熱い月）」ではないかとも考えましたが、拓本や写真版を見る限り、下の点は三つしか見えません。手詰まりです。素直に「集月」と読んでおきましょう。

③三日

続く二文字は「三日」です。ご異議ないでしょう。

④記

最後の文字は「記」で「しるす」で良いでしょう。

いつ記したから書き出す書き方は、五世紀後半の埼玉《さきたま》稲荷山古墳出土鉄剣をはじめ、よく使われる書き方です。

二行目を読み解く―碑に顕彰される人物の出自を刻む

辛	己	歳	集	月	三	日	記									
佐	野⑤	三	家⑥	定	賜⑦	健	守	命	孫	黒	賣	刀	自	此		
新	川	臣	児	斯	多	々	弥	足	尼	孫	大	児	臣	娶	生	児
長	利	僧	母	為	記	定	文	也		放	光	寺	僧			

▲読み▼ 佐野《さのの》三家《みやけ》を定《さだ》め賜《たま》はる健守命《たけもりのみこと》の孫、黒賣刀自《くろめとじ》、此《これ》を

▲書かれていること▼

（王権直轄の開発拠点と見られる）佐野《さのの》三家《みやけ》の管理者という役職ないし、地位に基づく氏姓《うじかばね》（氏の名と身分）を与えられた健守命《たけもりのみこと》の子孫である黒賣刀自《くろめとじ》、此《こ》の人を

（どうしたかは、三行目に続きます）

⑤佐野

一文字目はイ《にんべん》に「大」あるいは「太」と見えますが、同じような字体が難波宮跡（大阪中央区）出土の万葉仮名表記の歌木簡「皮留久佐乃皮斯米之刀斯」にあります。「佐」と読まれています。

二文字目は「野」です。「野」の音は「ぬ」だという説が有力な時期がありましたが、これは誤解です。「の」と読むことが国語学から明らかになっています。「佐野」で「さの」です。高崎市佐野地区は、その名を伝える地域と考えられます。

【コラム2：34頁参照】

⑥三家

次の二文字は「三家」です。「みやけ」と読めます。

三宅の表記が一般的ですが、正倉院に残された天平宝字二（七五八）年の文書に筑前国早良《さはら》郡額田《ぬかた》郷の人が自分の名を「三家」、「三宅」の二通りで書いています。「みやけ」で間違いありません。

「三」を「み」と読むのは借訓です。家が三軒あったわけではありません。

「家」を「やけ」と読むのは大伴家持の例からも納得いただけるでしょう。

三家（三宅）は『日本書紀』などでは屯倉と書かれます。王権の直轄地と説明されますが、王権直轄の特別な開発拠点、特区と考えた方が実態にあっているようです。

⑦定賜

「賜」は摩滅が激しい文字の一つですが、「定賜」は一括りの言葉として『古事記』『万葉集』によく使われています。

「定賜」の読みもそこから分かりますが、なぜか『日本書紀』『続日本紀』には一例もありません。山上碑の古さを証明する文言と言えるかもしれません。

注意してみると、『古事記』『万葉集』の「定賜」の主語はことごとく天皇（王権）ですから、佐野三家を主語と見ることはできないでしょう。佐野三家は、天皇（王権）によって管理者の地位ないし氏姓を「定賜」された存在です。

そのことを正確に表すとすれば、佐野三家を「定め賜はる」の読みが適切な読み方と見られます。

二行目を読み解く――碑に顕彰される人物の出自を刻む

一行目	二行目	三行目	四行目
辛	佐	新	長
己	野	川	利
歳	三	臣	僧
集	家	児	母
月	定	斯	為
三	賜	多	記
日	健	々	定
記	守⑧	弥	文
	命⑨	足	也
	孫⑩	尼	
	黒	孫	放
	賣⑪	大	光
	刀	児	寺
	自⑫	臣	僧
	此⑬	娶	
		生	
		児	

⑧健守

続く二文字の一文字目はイで、旁に「聿」が見え、その下に一本横線が走っていますから「健」でよいでしょう。二文字目は「宀」の中に「寸」か「廿」が見えますから「守」の字が浮かび上がります。『古事記』『日本書紀』では人名などの「たける」には「武」か「建」の漢字を当てる場合がほとんどですが、七三〇年代の献上と見られている『肥前国風土記』では「健」の字を「たけ（る）」に当てていますから、「健守」で「たけもり」と読むことができます。

⑨命

「命」と採字することはたやすかったと思います。問題は読みです。「いのち」ではなく「みこと」と読みます。古来「命」は神様あるいは偉大なご先祖様を意味する「みこと」に当てられてきました。倭建命《やまとたけるのみこと》（『古事記』）はご存知でしょう。現在でも神葬祭では、男性は「〇〇大人命《うしのみこと》」、女性は「〇〇刀自命《とじのみこと》」として祭られます。

⑩孫

三行目の十一字目と同じ文字で明らかに「孫」ですが、後に述べるように、いわゆる孫ではなく、子孫と理解した方が正確のようです。そこで子孫を「孫」と書く場合の読み方を同時代史料に探ってみましたが、決定的な読みは見つかりませんでした。「孫《まご》」と読んで子孫を表していると理解しておくのがよいようです。

⑪黒賣

「賣」は「売」の旧字体です。「め」の音仮名です。「黒賣」で「くろめ」です。女性の名前です。

厳密に言うと、当時の「め」音には二種類あって「売」は「め甲類」の音仮名として使われていますが、ここでは「め」と読んでおけばよいでしょう。

⑫刀自

「刀」は「と」の音仮名（厳密には「と甲類」）で、「刀自《とじ》」は、『続日本紀』の中に女性の名の一部としてかなりの数が見られます。後に見るように金井沢碑には頻出しています。敬称の可能性が高いと思いますが、実名の一部であることも否定できません。

不思議なことに『日本書紀』には「刀自」の用例はありません。「戸母」と書いて、『日本書紀』編者自身が「都自《とじ》」と註を付けています。

⑬此

二行目最後の文字は読みにくかったと思います。当時の字体としては一般的でしたが、今日通用している一般的な字体とはかなり形が違っているからです。「此を」と読むことがよいでしょう。

以上から、第二行は、文字の並びのままに「佐野三家《さののみやけ》を定《さだ》め賜《たまわ》はる健守命《たけもりのみこと》の孫、黒賣刀自《くろめとじ》、此《これ》を」と読むことができました。今の私たちの感覚でそのまま内容が読み取れます。

問題は、最後の一文字「此」の存在です。「此」は明らかに「黒賣刀自」を指す同格の代名詞です。なぜ、ここに「此」という代名詞が刻まれたのでしょうか。

碑文全体を通読するなかで、改めて考えてみる必要がありそうです。

第三行に進みましょう。

三行目を読み解く—碑文作者の出自を刻む

一行目	二行目	三行目	四行目
辛	佐	新⑭	長
己	野	川	利
歳	三	臣⑮	僧
集	家	児⑯	母
月	定	斯	為
三	賜	多	記
日	健	々	定
記	守	弥	文
	命	足	也
	孫	尼	
	黒	孫	放
	賣	大	光
	刀	児	寺
	自	臣	僧
	此	娶	
		生	
		児	

▲読み▼

新川臣《にひかはのおみ》の児《こ》、斯多々足尼《しだたみのすくね》の孫、大児臣《おほごのおみ》、娶《めと》し生《う》む児

▲書かれていること▼

（桐生市新里町《にいさとちょう》あたりに名を残す）新川臣《にいかわのおみ》の（嫡系の）児《こ》、斯多々足尼《しだたみのすくね》の子孫である大児臣《おみこのあみ》（前橋市大胡地区に名を残す）が黒賣刀自《くろめとじ》を娶《めと》って生んだ児である

（四行目に続きます）

⑭新川

最初の二文字は「新川」と拾えたと思います。「にひかは」と読みます。

古代の「新」の訓みは「にひ・にふ」で、「あら」を表す漢字「荒」と使い分けられています。

上毛野国に関わる例で示せば、太田市周辺を新田郡と言いましたが、平安時代前半にまとめられた日本最初の百科事典『和名類聚抄《わみょうるいじゅしょう》』では「爾布太」と読みが振られています。やがて「にった」となります。

一方、上毛野の名を氏の名に持つ優勢貴族・上毛野君《かみつけのきみ》の祖の一人に荒田別という人物がいます。半ば伝承の人物ですが「あらたわけ」と読まれています。

荒田別には本格的な中国古典をもたらした王仁《わに》博士を招く使いとして百済に派遣されたという伝承があり、上野三碑の背景説明としても重視されています。

話を新川に戻すと、「にっかわ」の地名が桐生市新里町新川《にっかわ》に見出せます。

⑮臣

続く「臣」は読みやすい文字で、「おみ」です。

姓《かばね》と見てよいのでしょうが、今のところ他の文献などで新川臣という氏族の存在は確認できませんので、新川の地に勢力を持った有力者と見るに止めておきましょう。

⑯児

続く「児」も読みやすく「こ」です。「児」で系譜を綴っていく例は金井沢碑にも見られます。

しかし『日本書紀』や『古事記』では「子」、氏族の系譜集『新撰姓氏録』では「男」ですから、「児」での系譜記載は上野三碑の特徴と言えそうです。

「児」で系譜を綴っていく書き方は、山上碑・金井沢碑以外では、四七一年と推定されている埼玉稲荷山古墳出土鉄剣の銘文、山上碑よりやや早い東京国立博物館法隆寺館蔵の辛亥年銘観音菩薩台座銘（六五一年）、三井記念美術館蔵の戊辰年銘船王後《ふねのおうご》墓誌（六六八年）、そして聖徳太子の伝記である『上宮《じょうぐう》聖徳法王帝説』に集中して見られます。

三行目を読み解く—碑文作者の出自を刻む

辛己歳集月三日記
佐野三家定賜健守命孫黒賣刀自此
新川臣児斯⑰多ゝ弥足⑱尼孫⑲大⑳児臣娶㉑生児
長利僧母為記定文也　放光寺僧

⑰斯多ゝ弥

山上碑採字上で最大の難関です。摩滅が激しく教育漢字外の文字が集中しているからです。「斯多ゝ弥」と採字されます。「斯」と「多」はご了解いただけると思いますが、問題は次の文字です。文字と感じられなかった方も多いかもしれません。「ゝ」もワープロソフトの中で拾った可能な限り近い字形ですが、まさに「ゝ」の用例です。上の「多」を繰り返すという指示です。上野三碑解説書の多くは「々」を使っていますが、字形からは「ゝ」の方が良さそうです。例として埼玉稲荷山古墳出土鉄剣の「世ゝ」、根津美術館蔵の戊午年（六五八年）銘阿弥陀像光背銘の「生ゝ世ゝ《しょうじょうせぜ》」などがあります。

「弥」は比較的採字がしやすかったと思います。現在は「や」と読む文字ですが、万葉仮名では「み」の音仮名（厳密に言うと「み甲類」）ですので、「斯多ゝ弥」で「しただみ」と読みます。

「しただみ」は小型の巻貝で「小螺」とも書かれ、多くの古代文献に出てきます。

⑱足尼

「足尼」は一括りの用字として「すくね」と読まれ、姓あるいは嫡系（直系）の敬称を表しています。「宿禰」の別表記で、比較的古い書き方に多く、稲荷山古墳出土鉄剣や『上宮聖徳法王帝説』に使われています。『続日本紀』によれば宝亀四年（七七二）五月に宿禰に統一するよう命令が出されていますから、「足尼」の記載は山上碑の古さを傍証していると言えるでしょう。

⑲孫

この「孫」も子孫を表す表現と見られます。

⑳大児

「大児」は鮮明です。「おほご」と読めます。前橋市大胡地区に名が残ります。

㉑娶生児

下三文字の最後の「児」は容易に拾えたと思います。二文字目は「三」に見えたでしょうが、詳細に見ると確かに縦棒があります。「生」です。一文字目は「取」の下に「女」が刻まれていますから「娶」です。全体で「娶生児」、「娶し生む児」と読みます。このように読めるのは例があるからです。『古事記』と『上宮聖徳法王帝説』です。「娶生児（子）」という例がたくさん出てきます。「娶」は文字通り男性が女性をめとるという文字です。上野三碑の解説書に「娶《めぁ》いて」と読んでいる例がありますが、正しくは「娶《めと》し」です。「娶《とつ》いで」とまで読んでいる例もありますが、ここまでくると誤読です。ここはポイントです。【コラム3：35頁参照】

したがって第三行も、頭から文字の並びのままに「新川臣の児、斯多〻弥足尼の孫、大児臣が娶し生む児」と読むことができます。

大児臣が誰を娶ったのかと言えば、二行目の黒賣刀自です。二行目に黒賣刀自と同格の「此」を書き加えた理由が分かってきます。黒賣刀自で二行目を終えたら三行目との関係は曖昧のままです。

「黒賣刀自を大児臣が娶って」ということを明確にする工夫だったのです。見事な構文です。

その「児」が誰なのか、どのような存在なのか、何をしたのかが第四行に書かれてきます。

四行目を読み解く—建碑の主体と目的を刻む

一行目	二行目	三行目	四行目
辛	佐	新	長㉒
己	野	川	利
歳	三	臣	僧
集	家	児	母㉓
月	定	斯	為
三	賜	多	記㉔
日	健	々	定
記	守	弥	文
	命	足	也㉕
	孫	尼	
	黒	孫	放㉖
	賣	大	光
	刀	児	寺
	自	臣	僧
	此	娶	
		生	
		児	

▲読み▼

長利《ながとし》の僧《ほうし》、母の為に記《しる》し定《さだ》む文也《ふみなり》　放光寺僧

▲書かれていること▼

この碑は、黒賣刀自を大児臣が娶って生んだ児である長利《ながとし》の僧《そう》が、感謝を込めて母（＝黒賣刀自）のために記し定めた文です。書いたのは放光寺の僧です。

㉒長利僧

「長利僧」は鮮明で、第三行最後の「児」の成長した姿です。問題は「長利」を「ながとし」と読むか「ちょうり」と読むかです。僧としての法号なら音で「ちょうり」と読むべきでしょうが、語感からは「ながとし」というやまとことばの方がしっくりきます。私は「ながとし」派です。

「僧」自体をどう読むかも問題です。「僧」という漢字は梵語 samgha の音訳（漢音訳）で、「法師」が中国での意訳（漢意訳）ですから、「そう」も「ほふし」も正解です。『日本書紀』などには山上碑同様の「〇〇僧」がありませんが『万葉集』が僧を「ほふし」と読んでいるので、「ほふし」説を採用したいと思います。

㉓母為

「母為」は、二つの理由から、山上碑のポイント中のポイントです。

第一に碑建立の目的がここにあります。山上碑は、僧として大成した長利僧が、ここまで自分を育ててくれた母の為に建てた碑であることを示しています。当時、正式な僧となることは、知識においても人格においても、最良、最高の存在に連なることでした。

第二の理由は、日本語の語順です。漢文なら「為母」です。「母為」という書き方は、山上碑が最古の日本語碑である象徴的表現です。

㉔記定文

「記定文」も鮮明に読み取れます。「記し定む文」と読めます。

㉕也

「也」は漢文用例からの援用と見られますが、文の終了を示す表現です。

「なり」の漢字表現として定着し、現在でも使われている通りです。

漢文用例との対比、漢文用例からの援用を通して付属語の表現が定着していったものと見られます。その意味で、見過ごしにできない工夫です。

㉖放光寺

「放光寺」は鮮明です。長利僧の居た寺と見られます。

地名とは考えにくいので、音で読めばよいと思います。山王廃寺と呼ばれてきた前橋市総社町の法起寺様式の白鳳寺院から、時代はやや下がるものの「放光寺」「方光」とヘラ描きされた瓦が複数出たことなどから、山王廃寺とみなす見解が有力です。山王廃寺は、七世紀後半には存在したと見られている上毛野国の四つの寺院の中で立地地点が飛鳥・奈良時代の上毛野国の中枢部に位置することからも注目されています。

長利僧と放光寺僧を別人と見る説もありますが、当時、正式な僧となることは大変なことでした。ですから、自分を育て僧への道を切り開いてくれた母への感謝はとても深かったと思われます。同一人物と見るのが自然でしょう。

漢字・漢文から日本語を表す文字と文へ

特別な辞書も使わずに、ほぼ全ての文字が採字できました。これが山上碑の大きな特徴です。一三〇〇年以上も前の文字そして文が、ほぼそのままに読めました。

使われている漢字のうち、中学生までに習わない文字は「此」「斯」「娶」「也」の四文字だけでした。

「賣」は「売」の旧字体で「め」の音、「〻」は繰り返しの記号、「己」は「巳」との通用の説明を受ければ、小学校高学年か中学生ならほぼ全ての文字が容易に拾えます。

生きた古典の教材です。

字体も現行のものとほぼ一致しています。

言葉のほとんどが訓読みないし漢字の音を借用した読みとなっていました。日本語（やまとことば）に合わせて漢字を読み、組み合わせて使っていると言う方が正確でしょう。

また、どの行も頭から文字の並びのままに読むことができ、滑らかに次の行に繋がっています。明らかに日本語の語順に従った平易な文体でした。

日本語として漢字を並べ、文とした工夫は、行替えや文字の配置にも見られます。「読み解き」で見たように、第二行の最後に「此」という文字が差し挟まれていることや、第三行が「娶生児」で終わっていることにも理由がありました。

これほどまでに見事な日本語の構文になっていることを考えれば、日本語（やまとことば）表記法の成立と言ってよいでしょう。

後に確認しますが、山上碑は完全な形で現存する日本最古の石碑ですから、最古の日本語碑と言えます。

一三〇〇年の時空を超えて、そのような碑が読めたことは大変な感動です。

私たちは固有の文字を持っていませんでした。そうした民族は少なくないと思います。私たちの場合、隣に文字の超大国、漢字・漢文を文明の核とする中国がありました。そこから文字も文も導入するしかありませんでした。受け入れた文化・文明を工夫して自らの言葉・日本語（やまとことば）を表す文字としたことが実感されます。

そうした営みの証を、地域の先人が大切に守ってきたからこそ、山上碑は、地上にありながらも良好な状況で保存されてきました。先人たちに感謝です。この心を大切に読み続けたいものです。

山上碑が示す地域と人の成熟

三家（三宅）は『日本書紀』などでは屯倉と書かれますが、屯倉の実態を表してくれるのは六世紀前半の欽明天皇・敏達天皇の巻の白猪屯倉《しらゐのみやけ》です。後の美作国《みまさか》（岡山県北部）とほぼ重なる地域です。広大な地域に渡来系の人々などが大量に移され、最先端技術である鉄生産に当った様子が考古学の研究からも明らかになっています。吉備国から分けられた後も要地と位置づけられ、政府高官が国司として派遣され続けるほどでした。

この事実はとても重要です。屯倉（三家）は、単に直轄地と言うよりは、特定な役割を負った拠点開発地域、特区のような存在だったと見た方がよいからです。

そうした三家と上毛野各地の関係を見ていきましょう。碑に見える新川臣ゆかりの地、桐生市新里町新川には、山上碑に隣接して築かれている山上古墳（山上碑と共に国特別史跡）と形状・規模、石室構造が非常によく似た古墳が存在しています。中塚《なかつか》古墳と呼ばれています（国史跡）。その新川臣の子孫で、黒賣刀自を娶って長利僧を儲けた大児臣の名を残す旧・大胡町《おおごまち》堀越（現・前橋市堀越町《ほりこしまち》）には山上古墳・中塚古墳と類似の堀越古墳（群馬県史跡）が存在します。

次に六八一年という時点で上毛野国には僧がおり放光寺という寺があったことも示しています。僧になるということは、上毛野国きっての知識階層の一員になることです。そのために、母「黒賣刀自」は物心両面で「長利僧」を全力で支えたことでしょう。古代の教育ママだったかもしれません。その恩義に心から感謝し長利僧は碑を刻んだのです。そうした母のために碑を建てたということは、母はすでにこの世の人ではないと見られます。墓碑なのか追善碑なのかという議論がありますが、長利の心に沿えば、母への感謝の碑という言い方がふさわしいかもしれません。

そこで山上碑に記された長利僧に至る経緯を整理してみると、次のようになります。

父系だけでも母系だけでもなく、双系の系譜が記されています。日本の古代は決して父系優位の社会ではなかったことを山上碑は示しています。その上での母の重視ですが、不思議なことに、黒賣刀自の父母、大児臣の父母、つまり長利僧の祖父母が一人も書かれていません。隣接する山上古墳に彼らの誰か、特に黒賣刀自の父が葬られている可能性があるだけに奇妙です。この「孫」は、いわゆる孫ではなく、子孫を意味すると考えた方がよさそうです。

健守命―○―黒賣刀自
新川臣―斯多々弥足尼―○―大児臣
（黒賣刀自・大児臣）―長利僧

山上碑が持つもう一つの意義　日本語誕生の現場に立ち会いましょう

碑の歴史の中で山上碑は、どのような位置になるのでしょうか。

結論的に言うと、図・表から分かるように、山上碑は完全な形で現存する日本最古の石碑です。

	年次	碑名	現存	完形	所在	備考
	596	伊予道後温泉碑	×		愛媛県松山市	『釈日本紀』に引く『伊予国風土記』逸文にのみ見える
①	646	宇治橋断碑	△	×	京都府宇治市	原碑と言われる部分についても後刻の疑いがもたれている
	669	藤原鎌足碑	×		大阪府太子町	『藤氏家伝』上記載
❷	**681**	**山ノ上碑**	○	○	**群馬県高崎市**	
	689	采女氏塋域碑	×		大阪府太子町	拓本のみ残る
③	700	那須国造碑	○	○	栃木県大田原市	
❹	**711**	**多胡碑**	○	○	**群馬県高崎市**	
⑤	717	超明寺碑	○	×	滋賀県大津市	部分残存？
	721	元明天皇陵碑	？		奈良県奈良市	近代に入って実見した者はいない。拓本もない。
⑥	723	阿波国造碑	○	○	徳島県石井町	
❼	**726**	**金井沢碑**	○	○	**群馬県高崎市**	
⑧	751	竹野王多重塔	○	○	奈良県明日香村	
⑨	753	仏足石・仏足石歌碑	○	○	奈良県奈良市	
⑩	762	多賀城碑	○	○	宮城県多賀城市	
	770	南天竺婆羅門僧正碑	×	×	奈良県奈良市	現存せず
	775	大安寺碑	×	×	奈良県奈良市	現存せず
⑪	778	宇智川磨崖碑	○	○	奈良県五條市	
⑫	790	浄水寺南大門碑	○	○	熊本県宇城市	

山上碑前史――やさしい漢文

現在のところ、確実に列島社会で書かれたと見られる最古の文は、山上碑の読み解きで再三取り上げた四七一年と推定されている埼玉《さきたま》稲荷山古墳出土鉄剣の銘文（埼玉県行田《ぎょうだ》市）です。通説となっている採字と釈文（読み下し）は次の通りです。

《採字》

（表）辛亥年七月中記 乎獲居臣 上祖 名 意富比垝 其児 多加利足尼 其児 名 弖已加利獲居 其児
名 多加披次獲居 其児 名 多沙鬼獲居 其児 名 半弖比

（裏）其児 名 加差披余 其児 名 乎獲居臣 世々為杖刀人首 奉事来至今 獲加多支鹵大王寺
在斯鬼宮時 吾左治天下 作此百練利刀 記吾奉事根原也

《釈文（読み下し）》

辛亥年七月中記。乎獲居《をわけ》臣。上祖 名 意富比垝《おほひこ》、其の児 多加利足尼《たかりすくね》、其の児 名 弖已加利獲居《てよかりわけ》、其の児 名 多加披次獲居《たかはしわけ》、其の児 名 多沙鬼獲居《たさきわけ》、其の児 名 半弖比《はてひ》、其の児 名 加差披余《かさはよ》、其の児 名 乎獲居《をわけ》臣。世々杖刀人《じょうとうじん》の首と為《し》て奉事来り今に至る。
獲加多支鹵大王《わかたけるだいおう》の寺 斯鬼《しき》宮に在る時、吾、治天下《ちてんか》を左《たす》け、此の百練の利刀を作らせ、吾が奉事の根原を記す也。

「児」や「足尼」、繰り返しの記号「〻」の登場、書いた年月の「記」から始め「也」で終わるところなど、山上碑との類似性に気づかれた方も多いでしょう。

一方で、人名や地名と思われる部分は万葉仮名方式ですが、文全体は漢文の並びです。「〇〇の児、その名は〇〇」と続くところ以外は文字の並びのままには読むことができません。

しかし、その割には読みやすいと言うか、内容が捉えやすい文です。

ここに、この鉄剣銘文の特徴があります。

目を凝らして釈文を見ていくと、「乎獲居臣《をわけ》」という人物の始祖以来の系譜と、その氏《うじ》あるいは家系が世々「杖刀人」と呼ばれる役の「首」つまり頭《かしら》として大王に仕え、大王の「治天下を左《たす》け」てきた。そして「獲加多支鹵大王《わかたけるだいおう》」の「寺」と記される館が「斯鬼宮《しき》」にある時この刀を作らせ、仕えてきた「奉事の根原」を記したという内容が読み取れます。

「臣」「首」「宮」や干支の「辛亥」などは、当時、対応する日本語（やまとことば）があったか分からないのでふりがなを振りませんでしたが、同時代（四七九年）同じ大王と見られる倭王武の宋への上表文と比較すれば、現代日本人にも読みやすい「やさしい漢文」と言えそうです。

文は示しませんが、同時代の江田船山《えだふなやま》古墳出土鉄刀銘（熊本県和水市《なごみ》）も隅田八幡《すだはちまん》神社画像鏡（和歌山県橋本市）も同様の「やさしい漢文」で書かれています。

5世紀半ば			稲荷台1号墳出土鉄剣銘文	千葉県市川市
471	辛亥年	「やさしい漢文」	埼玉稲荷山古墳出土鉄剣銘	埼玉県行田市
5世紀後半		「やさしい漢文」	江田船山古墳出土鉄刀銘	東京国立博物館
503	癸未年	「やさしい漢文」	隅田八幡神社人物画像鏡	和歌山県橋本市
6世紀半ば			岡田山1号墳出土鉄刀銘文	島根県松江市
570	庚寅年		元岡古墳群G6号古墳出土鉄製大刀	福岡市西区
607	丁卯年	和文脈・後刻か	法隆寺金堂薬師如来像光背銘	奈良県斑鳩町
623	癸未年	漢文脈	法隆寺金堂釈迦如来像光背銘	奈良県斑鳩町
628	戊子年	漢文脈	法隆寺金堂釈迦三尊像光背銘	奈良県斑鳩町
650推定		「やさしい漢文」または和文脈	法隆寺金堂木造広目天・多聞天造像銘	奈良県斑鳩町
650前後		和文脈（万葉仮名表記）	歌木簡（難波宮跡出土）	大阪市中央区
651	辛亥年	「やさしい漢文」または和文脈	法隆寺献納宝物金銅観音菩薩像台座銘	東京国立博物館
654	甲寅年	漢文脈	法隆寺献納宝物釈迦像台座銘	東京国立博物館
658	戊午年	漢文脈	旧観心寺蔵阿弥陀如来像光背銘	根津美術館
666	丙寅年	「やさしい漢文」または和文脈	法隆寺献納宝物菩薩半跏像台座銘	東京国立博物館
668	戊辰年	漢文脈・後刻か	船王後墓誌	三井記念美術館
677	丁丑年	漢文脈・後刻か	小野毛人墓誌	京都市左京区
680前後		和文脈	宣命体木簡・出始める	
			柿本人麻呂歌集の略体歌 非略体歌の推定年代	
681	辛巳年	和文脈	山ノ上碑	群馬県高崎市
680前後以降		壬午年・壬辰年は和文脈	法隆寺命過幡	奈良県斑鳩町等
686?	降婁	漢文脈	長谷寺法華説相図	奈良県
692	壬辰年	「やさしい漢文」または和文脈	出雲国鰐淵寺観音菩薩台座銘	島根県出雲市
694	甲午年	和文的表現を含む漢文脈	法隆寺銅板造像記	奈良県斑鳩町
700	庚子年	混交	那須国造碑	栃木県大田原市
702	壬歳次攝提格		豊前国長谷寺観音菩薩像台座銘	大分県中津市

転換点となった七世紀半ば

上の表のように、今のところ、六世紀代は金石文史料がほとんど見つかっていません。

七世紀に入ると、仏様の造像名が書かれ出し、七世紀の半ばから金石文は爆発的に増えていきます。

「やさしい漢文」が日本語表記に一歩大きく近づくのも七世紀半ばからです。

法隆寺金堂の四天王像のうちの広目天《こうもくてん》・多聞天《たもんてん》の光背銘文と、法隆寺献納宝物である辛亥年銘の観音菩薩像の台座銘がそれに当たります。

法隆寺金堂の木造広目天・多聞天の造像銘は、文が短く、年代も推定ですが、辛亥年銘を持つ観音菩薩像の台座銘は作成年が明記されています。六五一年です。

《採字》

辛亥年七月十日記　笠評君　名　左古臣　辛丑日崩去
辰時　故児在　布奈太利古臣　又　伯在　□古臣　二人乞願

《釈文（読み下し）》

辛亥年《かのとゐのとし》七月十日記《しるす》。笠評君《かさのこほりのきみ》　名《な》は左古臣《さこのおみ》が辛丑日《かのとうしのひ》崩　去《みまかる（ほうきょ）》。辰時《たつのとき（しんじ）》、故児在《なきこ（こじ）なる》
布奈太利古臣《ふなたりこのおみ》　又《また》　伯在《おぢなる》　□古臣　二人乞願《こひねがふ》（心で造った観音様である）

何時書いたかから始め「笠評君 名 左古臣」と続いていくところは埼玉稲荷山古墳出土鉄剣の銘文に似ていますが、文全体は頭から語順のままに読んでいくことができます。

山上碑を読んでこられた方には読みやすかったと思います。「崩去」「辰時」「故児」は訓読み、音読み、どちらが良いのか、判断がつきかねますが、「笠評君」は明らかに訓読みです。

「笠評」は丹波《たには（たんば）》国加佐郡《かさのこほり》の大宝令以前の書き方で、辛亥年が七〇〇年以前であることを傍証しています。注目したいのは「崩」の文字が使われていることと「辰時」という表現です。「崩」は律令体制下では天皇以外には使えない文字ですが、この段階では一般に使えたのでしょう。

「辰」には「時」を表す意味、特に干支一巡を示す使われ方があります。「辰時」で死去の日から干支一巡六十日を経た同じ辛丑日にこの像を造った、その日は七月十日であるということを示したかったと見られます。事実、七月十日は辛丑でした。それほどまでに漢文世界に通じていながら、和文脈で書いたことに大きな意味があるように思われます。

六五〇年前後は、日本語を書き表すための様々な試みが強まった年代です。山上碑の「佐」と同じ字体が書かれていると紹介した難波宮跡出土の歌木簡「皮《は》留《る》久《く》佐《さ》乃《の》皮《は》斯《じ》米《め》之《の》刀《と》斯《し》」も六五〇年頃と推定されていますが、全文万葉仮名で書かれていました。歌うためでしょうか。

山上碑の時代――日本語での表現が爆発的に登場

再度、表をご覧ください。山上碑は六八一年の建立でしたが、この前後から、漢字・漢文を日本語を表す文字に換え日本語の文を作る営みが、至る所で爆発的に増えていきます。

典型的な例として、滋賀県野洲《やす》市西河原《にしがわら》（旧・中主町《ちゅうずちょう》西河原）で発掘された西河原森ノ内第2号木簡が挙げられます。次のように採字され、表裏一続きで、ほぼ文字の並びのままに読むことができます。

《採字》

椋直傳之 我持往稲者 馬不得故 我者反来之 故是汝卜部 自舟人率而可行也　其稲在処者 衣知評 平留五十戸 旦波博士家

《釈文（読み下し）》

椋直傳之《くらのあたひつたふ》。我持往稲者《われもちゆくいねは》、馬を不得故《えずゆゑ》、我者反来之《われはかへりきし》。故《かれ》、是《これ》汝《なんぢ》卜部《うらべ》、自《みずか》ら舟人《ふなびと》を率而可行《ひきゐてゆくべき》也《なり》。其《その》稲在処者《あるところは》、衣知評平留五十戸《えちのこほりへるの》の旦波《たには(たんば)》博士《ふみひと(ふひと)》の家《やけ(いへ)》。

木簡自体には年次記載がありませんが、一緒に出土した他の資料から七世紀の後半と見られます。

さらに「さと」を「五十戸」と記していることから、飛鳥池遺跡・藤原宮遺跡・石神《いしがみ》遺跡（いずれも奈良県明日香村）、伊場《いば》遺跡（静岡県浜松市）の「五十戸」記載木簡の年次例と比較して製作年代が絞り込まれました。六七〇年代半ばから六八〇年代半ばです。山上碑とほぼ同年代です。

「不得《えず》」「可行《ゆくべき》」のように、漢文の定型的な表現をも活用しながら、頭から語順のままに読むことで内容が把握できます。椋直という人物が卜部という人物に「渡す稲を持って行ったが馬を得られなかったので、衣知評平留五十戸の旦波博士の家に置いて帰った。君は、自ら舟と人を用意して、その稲を運んでほしい。」という伝言です。木簡らしい使われ方です。

衣知評平留五十戸は後の近江国愛智《えち》郡平流《へる》郷のことですから、滋賀県彦根市周辺です。琵琶湖東南岸に沿っているとはいえ、木簡の出土地点からはかなり東です。

木簡のこうした使われ方が一般化していたのでしょう。それほどに漢字・漢文から工夫して日本語を表す文字と構文を作り、伝え合うことが始まっていたと言えそうです。

東京国立博物館の法隆寺献納宝物中に七世紀末の製作と見られる幡《はた》が三点あります。

このうち、少なくとも壬午（六八二）年と壬辰（六九二）年の幡の墨書は和文脈と見られます。次のように採字され、読まれています。

《採字》

壬午年二月　飽波書刀自入奉者田也

《釈文（読み下し）》

壬午年二月 飽波（里）の書刀自、入奉者田也

《採字》

壬辰年二月廿日 満得尼為誓願作奉幡

《釈文（読み下し）》

壬辰年《みずのえたつのどし》二月廿日 満得尼《まんとくに》の為《ため》に誓願《こひちかひ》作《つくり》奉《まつる》幡《はた》

幡は、梵語 pataka の漢音訳が「波哆迦」、漢意訳が「幡」だったのが、日本に来て再び「はた」と読まれるようになったという経緯を持っています。それで「八幡」と書いて「はちまん」と音読みする形と「やはた」と訓読みする形とが併存することになりました。八幡《やはた》八幡宮《はちまんぐう》は最たる例です。

造像名は例が多いので省略しましたが、漢文がよく分からないから日本語（やまとことば）の語法のままに漢字を並べたわけではありません。漢字・漢文を充分に理解した上での主体的な表現です。

しかも、それは、列島各地で同時並行的に行われ、碑、幡、木簡、造像銘と様々な素材に記されました。当然、紙にも書かれたでしょう。

山上碑は、その大河の中にありました。その場で読み継がれることを目的とする碑文という形で、最前線にあることを実感することができました。何と素晴らしいことでしょうか。

わたくしたちは、山上碑を読むことを通して、読む・書く・話す・聞くが全て揃った日本語の言語宇宙が誕生する現場に立ち会うことができたのです。

コラム1　干支《えと》…辛巳歳《かのとみとし》はなぜ六八一年か

干支《えと》とは、甲《きのえ》・乙《きのと》・丙《ひのえ》・丁《ひのと》・戊《つちのえ》・己《つちのと》・庚《かのえ》・辛《かのと》・壬《みずのえ》・癸《みずのと》の十干と、子《ね》・丑《うし》・寅《とら》・卯《う》・辰《たつ》・巳《み》・午《うま》・未《ひつじ》・申《さる》・酉《とり》・戌《いぬ》・亥《ゐ(い)》の十二支の組み合わせで年月日を表わす方法です。甲子《きのえね》から始まって、乙丑《きのとうし》・丙寅《ひのえとら》と続き、壬戌《みずのえいぬ》・癸亥《みずのとゐ》で一巡します。三五〇〇年前の中国にすでにあった時の尺度です。

一方、わが国は年号（元号）を使っています。これも中国で始まった制度です。中国皇帝は時間も支配し続けるという思想を形とした制度です。ですから、中国に対して臣下の礼を取る国は、その年号を使わなければなりませんでした。

しかし不思議なことに、日本は、独自の年号を立てることを許され、中国自体が年号を廃しても、法律で年号を制定している世界で唯一の国になっています。

我が国において年号が定着したのは大宝元（七〇一）年からであることは、多くの史料で裏付けられています。

そこから、辛巳歳は七〇一年より前となります。逆に年号を採用した大宝元年以降の多胡碑（七一一年）は和銅四年、金井沢碑（七二六年）は神亀三年と記しています。

そこで拾っていくと、辛巳歳は六八一年、六二一年と出てきますが、地方でも寺の制度が整ってきたことや文字の書き方から六二一年では古すぎると考えられ、六八一年が定説です。

コラム2　「野」の音は「の」

『万葉集』の中に「上野國《かみつけののくに》」を中心とした東国《あづまのくに》の歌を集めた巻があります。巻第十四です。

そこでは「野」を万葉仮名「努」で表しています。例を挙げてみましょう。カッコ内が読み下しです。

■可美都気努佐野乃布奈波之登里波奈之於也波左久礼騰

和波左可流賀倍（上毛野　佐野の舟橋　取り放し　親は離《さ》くれど　吾《わ》は離《さか》るがへ）

■左努夜麻介 宇都也乎能登乃 等抱可騰母 祢毛等可児呂賀

於母介美要都留（佐野山に　打つや斧音《をのと》の　遠《とほ》かども　寝《ね》もとか子ろが　面《おも》に見ゑつる）

本居宣長の弟子、石塚龍麿《いしづかたつまろ》（一七六四～一八二三）は、万葉仮名には二種の書き分けがあることに気づきました。

「努」の字は「ぬ」の音を表していると考えました。

仮名に二種の書き分けがあることは、橋本進吉（一八八二～一九四五）らの研究で確定されましたが、同時に「努」は二種類ある「の」の甲類（no）を表す文字と確定されました。「怒」も「弩」も仲間で、もう一種類の「の乙類（nö）」を表す時には必ず「乃」か「能」が使われます。

「ぬ（nu）」は二種の書き分けはなく、借音では「奴」、借訓では「沼」や「渟」が使われます。

「娶生児」はとても重要な文脈です。

『古事記』では天皇の御子達を紹介するごとに、この書式が出てきます。上野国に関わる事例として上毛野君《かみつけののきみ》の始祖とされる豊木入日子命《とよきいりひこのみこと》（『日本書紀』では豊城入彦命）の箇所を引用しておきましょう。まずは原文です。

御真木入日子印惠命、坐師木水垣宮、治天下也。此天皇、娶木國造、名 荒河刀辨之女、刀辨二字以音。遠津年魚目目微比賣、生御子、豊木入日子命。次 豊鉏入日賣命。二柱。

読み下すと次のようになります。

御真木入日子印惠命《みまきいりひこいにゑのみこと》（崇神天皇）、師木水垣宮《しきみずがきのみや》に坐《ま》しまして、天《あめ》の下《した》治《し》らしめしき。此の天皇《すめらみこと》、木國造《きのくにのみやつこ》、名は荒河刀辨《あらかはとべ》の女、刀辨の二字は音を以ゐよ。遠津年魚目目微比賣《とほつあゆままくはしひめ》を娶《めと》して生みませる御子《みこ》、豊木入日子命。次に豊鉏入日賣命《とよすきいりひめのみこと》。二柱《ふたはしら》。

次に『上宮聖徳法王帝説』の例を引いてみましょう。聖徳太子が用明天皇の正嫡男であることを示す冒頭の部分が例となります。まずは原文です。

伊波礼池邊雙槻宮治天下橘豊日天皇 娶庶妹穴穂部間人王為大后 生児 厩戸豊聰耳聖徳法王 次 久米王（以下略）

読み下すと次のようになります。

伊波礼池邊雙槻宮《いはれいいけべなみつきのみや》に 治天下《あめのしたしらしめしし》 橘豊日天皇《たちばなのとよひすめらみこと》（用明天皇）
庶妹《ままいも》（異母妹）穴穂部間人王《あなほべのはしひとのひめみこ》を娶《めと》して大后《おほきさき》となし生《う》みませる児《みこ》
厩戸豊聰耳《うまやどのとよとみみ》聖徳法王　次に久米王《くめのみこ》（以下略）

男性が女性を娶し生む児（『古事記』では子）という構造、表現の形を確認していただけたでしょうか。

『古事記』『上宮聖徳法王帝説』では漢文の形を取っているので《男性 娶 女性 生児》の語順ですが、日本語の語順に並べれば《男性が女性を娶し生む児》か《女性を男性が娶し生む児》の語順になります。

山上碑は《女性を男性が娶し生む児》の日本語の形です。そのことを鮮明に表現するために、二行目の最後に女性である黒賣刀自と同格の「此」を書き込み、男性である大児臣が「此」を娶とし生む児と記したのです。

心憎いばかりの構文の工夫です。

多《た》胡《ご》碑

建立　和銅四（七一一）年
所在　群馬県高崎市吉井町池《よしいまちいけ》
指定　国特別史跡（一九五四年）
形状　一四〇センチ以上・牛伏砂岩
アクセス　上信電鉄馬庭駅・吉井駅各徒歩二〇分

碑文を読み解く

律令国家・日本確立の実相を垣間見る
地域の視線で刻まれた郡成立の記念碑。

弁官符上野國片罡郡緑野郡甘
良郡并三郡内三百戸郡成給羊
成多胡郡和銅四年三月九日甲寅
宣左中弁正五位下多治比真人
太政官二品穂積親王左太臣正二
位石上尊右太臣正二位藤原尊

【読み】

官符《かんぷ》（＝符）を弁《わきま》へ、上野國《かみつけののくに》（＝国）片罡《かたをか》（＝岡）郡《のこおり》、緑野《みどの》郡、甘良《かむら》郡、并《あは》せて三郡の内の三百戸は郡を成し、羊を給り、多胡郡《たごのこほり》と成す。和銅四年三月九日甲寅《きのえとら》なり。

宣《の》るは左中弁正五位下《さちゅうべんしょうごゐげ》多治比真人《たぢひのまひと》、（知）太政官《だじょうかん》（事）は二品穂積親王《にほんほづみのみこ》、左太（＝大）臣は正二位石上尊《いそのかみのみこと》、右太（＝大）臣は正二位藤原《ふぢはら》尊なり。

【多胡碑のあらすじ】

国の命令書（官符）を承って、上野国の片岡郡、緑野郡、甘良郡の三つの郡の中の三百の戸（家族）は新しい郡を作りました。羊を賜り、羊に因んで多胡郡としました。

和銅四年（七一一）三月九日のことです。

（「羊」については人名説も有力です）

国の命令を伝えたのは、現在の内閣官房副長官に当る多治比真人三宅麻呂様であり、

郡新設を決めたのは、国のトップである皇親・穂積親王様、ナンバー2の左大臣・石上麻呂様、ナンバー3の右大臣・藤原不比等様です。国家の最高意思を受けての郡の成立です。

拓本（石碑の写し）から、マス目へ文字を拾って入れてみましょう。

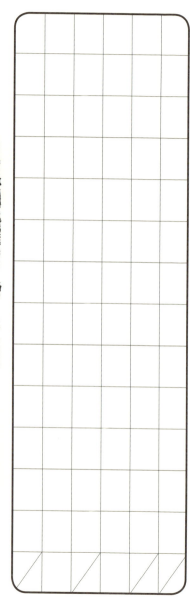

弁官符上野國片罡郡緑野郡甘
良郡并三郡内三百戸郡成給羊
成多胡郡和銅四年三月九日甲寅
宣左中弁正五位下多治比真人
太政官二品穗積親王左太臣正二
位石上尊右太臣正二位藤原尊

定説となっている採字は右の通りです。苻（符）、罡（岡）、并（幷）、また五行目三文字目と六行目八文字目の「正」のように、今日一般に使われているものと異なる字体も見られますが、見事な楷書体です。山上碑と比べて採字がしやすいと感じられたことでしょう。多胡の「胡」が教育漢字外ですが、中学生でもほぼ全ての文字が拾えます。

全体は八〇字ですが、基本は一四字×六行の規格のもと、一・二・四・六行は一三字、三・五行は一四字で書き、前半三行・後半三行が四〇字ずつに設計されているようです。現に一行目から三行目は文として繋がっていて四行目から六行目も同様ですが、三行目と四行目の間は切れそうです。

内容も、前半は郡名が並び、後半は人名が並びと、対照的になっています。

前・後半三行ずつの構成で読むのが良さそうです。前半三行から読んでいきましょう。

前半三行を読み解く―地域の視線で多胡郡設置の事実を表現

弁①	官	符	上②	野	國	片③	罡	郡	緑④	野	郡	甘	
良	郡	并	三	郡	内	三	百	戸	郡	成	給	羊	
成	多	胡	郡	和	銅	四	年	三	月	九	日	甲	寅
宣	左	中	弁	正	五	位	下	多	治	比	真	人	
太	政	官	二	品	穂	積	親	王	左	太	臣	正	二
位	石	上	尊	右	太	臣	正	二	位	藤	原	尊	

▲読み▼

官符《かんぷ》（＝符）を弁《わきま》へ、上野國《かみつけののくに》（＝国）片罡《かたをか》（＝岡）郡《のこおり》、緑野《みどの》郡、甘良《かむら》郡、并《あは》せて三郡の内の三百戸は郡を成し、羊を給り、多胡郡《たごのこほり》と成す。和銅四年三月九日甲寅《きのえとら》なり。

▲書かれていること▼

国の命令書である官符（＝太政官符）をよく理解して、わたくしたち、上野国の片岡郡（現：高崎市西部一帯）、緑野郡（現：藤岡市一帯）、甘良郡（現：富岡市・甘楽郡一帯）の三つの郡の中の三百戸は、新しい郡を作りました。国家から羊を与えられ（牧羊ゆかりの名である）多胡郡となしました。和銅四（七一一）年三月九日（干支で言うと）甲寅のことです。

①弁官符

「弁官符（＝符）」の読み方は研究者を悩ませてきましたが、自説は「官符を弁《わきま》へ」です。

その理由を【コラム4：81頁参照】に記しましたが、「国の命令書を承り心得て」と解したいと考えています。

「弁」を「わきまふ」、判断して理解する、心得ると読む例は、『日本書紀』推古天皇十二（六〇四）年四月条に載せられた憲法十七条の最後の十七条にあります。

独断を戒めて、「衆《もろもろ》と相弁《あひわきまふ》るは辞《こと》すなはち理《ことはり》を得《う》。」と記しています。

②上野國

六九〇年代の藤原宮出土木簡には「上毛野國」とありますから、上野國の表記は七〇一年の大宝令施行によると考えられます。読みは「かみつけののくに」で良いでしょう。

③片罡郡

「かたをかのこほり」と読みます。

「罡」は岡の字体の一つで現在は使われていませんが、高句麗の好太王碑（四一四年、中華人民共和国吉林省集安市）・乙卯年（四一五）の銘を持つ青銅製の壺杅（韓国国立中央博物館蔵）から法隆寺金堂の観音像の造像を記す銅板（六九四年）へと継承されています。多胡碑の文字の系譜を考える上で重視されます。

片岡郡は、現在はありませんが、平安時代前期の『和名類聚抄』には若田、多胡、高渠、佐没、長野の五つの郷が属していたと書かれています。

烏川右岸の高崎市西部地域と見られ、地域に片岡の名を伝えています。一部が多胡郡となった後も多胡郷という地域があったことも注目されています。多胡郷は、高崎市里見地域を当てる説が有力です。

④緑野郡

「みどののこほり」と読みます。

「みどの」という読み方は『日本書紀』安閑天皇二年五月条や『和名類聚抄』の記載に明記されています。

藤岡市一帯が推定郡域で、一部が多胡郡となった後も一一の郷が属していましたから、もともとは一万五千人ほどの人口を有していた、人口密度の高い、比較的大きな郡でした。

前半三行を読み解く―地域の視線で多胡郡設置の事実を表現

弁	官	苻	上	野	國	片	罡	郡	緑	野	郡	甘⑤	／
良	郡	并⑥	三	郡	内	三⑦	百	戸	郡⑧	成	給⑨	羊	／
成⑩	多	胡	郡	和⑪	銅	四	年	三⑫	月	九	日	甲	寅
宣	左	中	弁	正	五	位	下	多	治	比	真	人	／
太	政	官	二	品	穂	積	親	王	左	太	臣	正	二
位	石	上	尊	右	太	臣	正	二	位	藤	原	尊	／

⑤甘良郡

「かむらのこほり」と読みます。

『和名類聚抄』などは甘楽の表記を用い「加牟良」と読みを振っています。富岡市・甘楽郡一帯が推定郡域です。『続日本紀』によれば甘良郡からは四郷が多胡郡になったとありますが、その後も一三もの郷が属していましたから、もともとは一七郷、二万人を超える人が暮らしていた人口密集地域でした。

こうした人口密集地域が重なり合う所で多胡郡が生み出された前提として、緑野屯倉（『日本書紀』安閑天皇二年条）や佐野三家（山上碑）の設置・展開が想定されそうです。

⑥并三郡内

「并」は「幷」の二つの字体で、「ならびに」と「あはせて」の二つの読みがあります。文脈から「あはせて」の方が良いでしょう。

⑦三百戸

律令制では五〇戸をもって一里（郷）とすると規定されており、「さと」を「五十戸」と書く表現の方が「里」と書くよりも古い表現でした。

「三百戸」は六里（郷）に当ります。『続日本紀』が甘良・緑野・片岡の三郡から六里（郷）を割いて多胡郡を置いたと書いていることと符合します。

なぜ「六里（郷）」と書かず「三百戸」と書いたのかは多胡碑の一つの問題点です。

⑧郡成

「上野國」以下「郡成」まで、語順のままに「上野國片罡郡、緑野郡、甘楽郡、并せて三郡の内、三百戸を郡と成す」と読み下すことができます。

新しい郡の成立を示す表現ですが、後にも述べるように、『続日本紀』の「置郡」の書き方に比べて、「成」という文字を採用したところに多胡碑最大の特徴があります。

⑨給羊

「羊」を人名と見る説が有力ですが、「給羊成多胡郡」は一連の文脈で、羊と多胡郡の郡名は不可分の関係であることなどから、私は動物説に傾きつつあります。後に詳論しますので、ご検討ください。

⑩成多胡郡

多胡郡が新たに成立した郡名です。『続日本紀』の記載とも合致しています。「胡（人）」は中国北・西部の遊牧民を指す言葉です。なぜ新郡が多胡郡と名付けられたのか。自説を後に述べますので、皆さまもご一緒にお考えください。

⑪和銅四年

和銅は、秩父での和銅（「にぎあかがね」と読まれ、純銅の産出と見られています）発見を瑞祥として決められた年号で、和銅四年は西暦七一一年に当ります。後に述べるように、和銅発見と多胡碑の次の行に見える多治比真人（三宅麻呂）との間には深い関係があったと考えられます。

⑫三月九日甲寅

三月九日の干支は確かに甲寅《きのえとら》です。しかし、『続日本紀』は多胡郡設置の日を辛亥と書いていて六日にあたります。この違いが何に由来するのか、後段で検討します。

後半三行を読み解く―多胡郡新設の背後にある国家意思を示唆

位	太⑰	宣⑬	成	良	弁
石	政	左⑭	多	郡	官
上	官	中	胡	并	苻
尊	二	弁	郡	三	上
右	品	正⑮	和	郡	野
太	穂	五	銅	内	國
臣	積	位	四	三	片
正	親	下	年	百	罡
二	王	多⑯	三	戸	郡
位	左	治	月	郡	緑
藤	太	比	九	成	野
原	臣	真	日	給	郡
尊	正	人	甲	羊	甘
／	二	／	寅	／	／

▲読み▼

宣《の》る左中弁正五位下多治比真人《たぢひまひと》、（知）太政官《だいじょうかん》（事）は二品《にほん》穂積親王《ほづみのみこ》、左太臣は正二位石上尊《いそのかみのみこと》、右太（大）臣は正二位藤原《ふぢはら》尊なり。

▲書かれていること▼

多胡郡設置の命令書（官符）発給の責任者は左中弁で正五位下の多治比真人（三宅麻呂）であり、新郡設置を決めたのは、国家トップの（知）太政官（事）、皇親の二品《にほん》穂積親王、ナンバー2の左大臣で正二位の石上朝臣麻呂、ナンバー3の右大臣で正二位の藤原朝臣不比等です。

→列挙される人物から、多胡郡新設には、国家の強い意思が示唆されます。

⑬宣

「宣」の文字は、多胡郡設置を記す『続日本紀』和銅四年三月辛亥条には見られません。官符にもなかったと思われます。

では、どこに根拠があるのでしょうか。

そこで改めて「宣」という文字の用例を調べてみると、『古事記』『万葉集』にはほとんど例がなく、『日本書紀』『続日本紀』では「宣《の》る」と読んで、天皇の命令ないしその伝達として使われています。

天皇あるいは国家中枢の命令を「宣」したのが、左中弁正五位下多治比真人ということでしょう。

⑭左中弁

当時の国家意思決定機関を太政官《だいじょうかん》と言いました。公卿《くぎょう》と呼ばれる一握りの上級貴族がここで国家意思を決定します。その事務局が弁官です。弁官は左右に分かれており、国・郡の設置・廃止の事務担当は左弁官です。長官が左大弁、副長官が左中弁です。内閣官房副長官のような存在と見られます。

⑮正五位下

律令国家では、官職と位階の関係は決められています。官位相当制と言います。左中弁の相当官位は正五位上です。ここでは一つ下の位となっていますが、この時の左中弁多治比真人は三宅麻呂という人物で、翌月つまり四月には正五位上となっていますから、官職にあった位階と言えます。

なお、正五位上は下級貴族の最高位で、大国の国守の官位・従《じゅ》五位上を二階級も上回る高い位です。

⑯多治比真人

「多治比《たぢひ》」が氏《うじ》の名、「真人《まひと》」が姓《かばね》です。真人は最高位の姓で、天皇系譜が明確となる継体天皇以降の皇親の後継とされる氏族に付けられる姓です。

その中でも、多治比真人は最も高い待遇を得た氏族で、奈良時代の前半で公卿とされた真人姓氏族は多治比真人だけです。

さらに、ここに見られる多治比真人は、三宅麻呂《みやけまろ》という人物であることが明らかになっています。そして、後に詳論するように、多治比真人三宅麻呂は多胡郡設置の鍵となる人物です。

⑰太政官

ここに記される太政官は、機関としての太政官ではなく、太政官トップの知太政官事《ちだいじょうかんじ》を指します。天皇・皇太子に次ぐ、文字通りの国家のトップです。

後半三行を読み解く―多胡郡新設の背後にある国家意思を示唆

弁	官	苻	上	野	國	片	罡	郡	緑	野	郡	甘	
良	郡	并	三	郡	内	三	百	戸	郡	成	給	羊	
成	多	胡	郡	和	銅	四	年	三	月	九	日	甲	寅
宣	左	中	弁	正	五	位	下	多	治	比	真	人	
太	政	官	二⑱	品	穂⑲	積	親	王	左⑳	太	臣	正㉑	二
位	石㉒	上	尊	右㉓	太	臣	正	二	位	藤㉔	原	尊	

⑱二品

臣下の位階が「位《ゐ(い)》」で与えられるのに対し、皇親の位階は「品《ほん》」で与えられました。二品は皇親第二階です。和銅四年当時は一品の皇親はおりませんので、最高位です。

⑲穂積親王

穂積親王《ほづみのみこ》は天武天皇の第五皇子で、多胡郡設置の四年後の和銅八（七一五）年正月、最高位の一品《いっぽん》に上り詰めますが、その年の七月亡くなられました（九月に霊亀と改元されるので事典類は霊亀元年の薨去と記しています）。

碑文をよく見ると、「穂積」は禾編ではなく示偏です。多胡郡の人々から見れば、神様と言ってよい存在に感じられたのでしょう。

⑳左太臣

碑文では「左太臣」と書かれていますが、通常は「左大臣」です。「太」と「大」は通用されている例が多いので、その一例とも見られますが、他に理由がないのか、これも課題です。知太政官事ないし太政大臣に次ぐナンバー2です。官位相当性では左右大臣は正二位ないし従二位とありますので、適合しています。

㉑正二位

人臣の位階は「位」で与えられ、正一位、従一位、正二位、従二位の順ですから、「正二位」は三番目です。しかし、和銅四年の時点では正一位・従一位の公卿はいませんので、人臣のトップです。なぜか「正二位」の「正」の字は、四行目の「正五位下」の「正」とは異なる書体となっています。草書体と見られます。ここにも理由があるかもしれません。

㉒石上尊

「尊」は「みこと」と読まれ、偉大な先祖や神様に与えられる敬称ですが、『古事記』においては序文の中に一例見られるだけで、本文は全て「命」です。『日本書紀』では「至貴を尊と曰ひ、その余は命と曰ふ」として天皇や本当に偉大な神にしか使われていません。

『古事記』『日本書紀』ともに多胡郡設置以降の編纂ですが、こうした例から考えると、人臣といえども、多胡郡の人々にとっては、太政官のトップクラスは神様と言ってよい存在に感じられたのでしょう。

石上は「いそのかみ」と読みます。石上尊は石上朝臣麻呂《いそのかみのあそみまろ》という人物のことです。六四〇年、舒明《じょめい》天皇の十二年に生まれ、霊亀三（七一七）年に亡くなっています。従一位を贈られました。古くからの大豪族・物部連《もののべのむらじ》の氏上《うぢのかみ》で、彼の時代に物部連は石上朝臣の氏姓を新たに与えられたと考えられます。

㉓右太臣

左大臣同様、通常は「右大臣」です。左大臣に次ぐナンバー3で、位階は正二位で合っています。

㉔藤原尊

藤原尊は藤原朝臣不比等《ふひと》という人物のことです。藤原朝臣の氏姓を与えられた中臣連鎌足《なかとみのむらじかまたり》の次男で、六五九年、斉明天皇五年に生まれ、亡くなったのは養老四（七二〇）年です。

太政大臣正一位という位人臣を極めた官位を贈られています。日本古代国家と藤原氏の基礎を築き上げた巨人中の巨人です。

微妙な違いがあるとはいえ、前半三行の内容が、多胡郡設置に関する『続日本紀』和銅四年三月辛亥条の「割二テ上野ノ國甘良郡《かむらのこほり》ノ織裳《おりも》、韓級《からしな》、矢田《やた》、大家《おほやけ》、緑野《みどの》郡ノ武美《むみ》、片岡《かたをか》郡ノ山《やま》等六郷一ヲ、別ニ置二ク多胡郡一ヲ」と符合しているのに対し、後半三行の内容は、『続日本紀』には一切書かれていません。ここに後半三行の大きな特徴があります。

多胡碑自身の視線で多胡碑を読んでみましょう

微妙に違う多胡碑の記載と政府の記録

前半三行からは、片罡（岡）・緑野・甘良と記される上野国の三つの郡のうちから三百戸（＝家族）が新しい郡（多胡郡）を生み出したことを高らかに記している様子が実感されました。

内容としては、『続日本紀』和銅四年三月辛亥条の「割㆓テ上野ノ國甘良郡ノ織裳、韓級、矢田、大家、緑野郡ノ武美、片岡郡ノ山等六郷㆒ヲ、別ニ置㆓ク多胡郡㆒ヲ」と符合しています。

しかし、『続日本紀』の書き方は、多胡碑に見られる「郡成」という書き方とは微妙な違いが感じられないでしょうか。

『続日本紀』に引っ張られずに、碑自身の視線に従って読むという挑戦をしてみましょう。

そのためには逆に、『続日本紀』記載の由来を確認することから始めましょう。

『続日本紀』は奈良時代の政府の実録です。

郡の新設を命じた行政文書がもとになっていると考えられます。

当時の行政命令書、上級の役所から下級の役所に出される文書を「符」と言います。

そこに戻ってみる必要があります。

そう考えると、多胡碑の冒頭に「弁官符」と出てくることが目につきます。

この「苻」は「符」の異なる字体と見てよいでしょう。

国家の大事＝国・郡新設命令はどのように出されたか

特に重要な符は太政官《だいじょうかん》から出される符です。太政官符あるいは官符と言います。太政官は律令国家の全ての役所の上位に位置し、国家意思そのものが決まるところです。首班が太政大臣ないし知太政官事《ちだいじょうかんじ》です。左大臣・右大臣が続きます。

多胡碑に並んで書かれていました。

国・郡設置の基本手続きは、次のように進められました。

（1）国守らの解《げ》（上申文書）による上申
（2）太政官《だいじょうかん》での公卿《くぎょう》審議
（3）天皇への奏上・勅裁
（4）左弁官からの国守への符発給

しかし国・郡設置は、大祭祀や国費の支弁、官員の増減、流罪以上の処罰、官籍からの除名、兵馬百匹以上の徴発と並ぶ「国家の大事」なので、国守解ではなく、太政官内での発議で進められることも多く、太政官トップが官位・姓名を記した文書をもって天皇の勅裁を仰ぎました。

符には署名しない太政官トップの名が並んで多胡碑に見える背景として、そうした過程が推測されます。

多胡郡新設に際して出された太政官符の復元

和銅四年当時の太政官符の書式（大宝令の符式）は残っていませんが、それを引き継ぐ養老令の書式、発給に至る過程・手続きは残されています。次の書式です。

太政官符二ス其ノ國ノ司一ニ
（其事云々）符到ラバ奉行セヨ
大弁位姓名　　史位姓名
年月日　　使人位姓名
鈴剋

第一行を「書出《かきだし》」、第二行を「事実書《じじつがき》と書止《かきどめ》」と言います。

「其事云々」が事実書です。『続日本紀』は政府記録に基づく実録ですから、『続日本紀』和銅四年三月辛亥条が「其事」と見なせます。

続いて太政官符を発給するに当っての事務方責任者の官位・姓名（発給者位署と言います）、発給年月日、符伝送に用いる馬の数等を駅鈴の刻み数で示した鈴剋《れいこく》が記されます。

太政官の事務局を弁官と言いました。今の官制で言うと内閣官房に当ると言ってよいでしょう。左右の弁官があって、担当する事務が二分されていました。

国・郡の新設・廃止に関わる事務を担当していたのは左弁官でした。弁官の官位は高く、大弁で従四位上相当、中弁で正五位上相当です。大国の国守の相当官位である従五位上を上回っていました。そう考えると、多胡碑に「弁官符（符）」「左中弁」と書かれていることが注目されます。

多胡郡の新設に向けて出された符は次のようなものだったと推定されます。

（和銅四年当時の地方制度に合わせ「郷」を「里」に戻しました）

太政官符二ス上野國《かみつけののくに》ノ司一ニ
割二テ上野國ノ甘良郡《かむらのこほり》ノ織裳《おりも》、韓級《からしな》、矢田《やた》、大家《おほやけ》、緑野《みどの》郡ノ武美《むみ》、片岡《かたをか》郡ノ山《やま》等六里一ヲ、別ニ置二ク多胡郡一ヲ
符到ラバ奉行セヨ
左中弁　正五位下　多治比真人〇〇　　史位姓名（不明）
和銅四年三月六日辛亥　　使人位姓名（不明）
鈴剋（刻み数不明）

発給者位署を左中弁としたのは、多胡碑碑文に「左中弁正五位下多治比真人」と書かれていたことに引かれてのものですが、符の書き方の注釈書に中弁でも良いと書かれています。

和銅二年から六年まで左大弁の巨勢《こせ》朝臣麻呂《まろ》は陸奥鎮東将軍として陸奥現地にいたことが分かっていますので、和銅四年の多胡郡設置の符は左中弁署名で出されたと見られます。

そのことが、左中弁の名が多胡碑に見える一因でしょうが、それは取りも直さず多胡碑の真正性の証となっています。

	碑文	官符
書き出し	弁官符上野国	太政官符上野国司
事実書	①片罡郡…郡并三郡内三百戸郡成 ②片罡・緑野・甘良の順	①割…片岡郡山等六里別置多胡郡 ②甘良・緑野・片岡の順
発給	日付・位署の順	位署・日付の順
日付	九日甲寅	辛亥（六日）
公卿名	あり（太政官…）	なし
給羊	あり（給羊成多胡郡）	なし
宣	あり（宣左中弁…）	なし

碑文と官符の違いは大きい

このように多胡郡新設の命令書を復元してみると、多胡碑の書き方との微妙な違いがくっきりとしてきます。

感じられたちょっとした違和感が具体的な形になってきました。

上の表に整理してみました。比較してみましょう。

日付と郡記載順序の違い

まず日付の違いです。発給日が六日辛亥、符の到着日が九日甲寅という解釈もありますが、法令・制度は発給日重視です。そこで改めて『続日本紀』を開いてみると、「三月辛亥、伊勢國人磯部祖父、高志二人、賜姓渡相神主。割上野國甘良郡織裳…山等六郷、別置多胡郡」とあって、二つの記事が続いていることに気づかされます。同日であった可能性がないわけではありませんが、上野の記事の前にあった甲寅（九日）の文字が編集中に落ちてしまったと解釈してよいのではないでしょうか。このことは、多胡碑の真正性を証す要素とも言えそうです。

碑と符では郡の記載順序も違っています。碑が片岡・緑野・甘良と記すのに対し、符は甘良・緑野・片岡の順です。さらに、二世紀ほど後に成立した『和名類聚抄』は、上野国の郡を片岡・甘楽・多胡・緑野の順で記し、多胡郡内は山字《也末奈》・織裳《於利毛》・辛科《加良之奈》・大家・武美・浮（俘）囚・八田の順で書いています。碑とも符とも微妙に違っています。

郡記載順序が違う理由は、正直言って分かりません。皆さんとご一緒に考えたい課題です。

なお、先にも述べましたが、『和名類聚抄』は、山字郷を割いた後の片岡郡に多胡郷という郷があったと記しています。

「三百戸」という書き方

三百戸（碑）と六里（符）の違いは、先に簡単に説明しましたが、少し丁寧に解説を加えましょう。

六六五年と考えられる石神《いしがみ》遺跡出土木簡（奈良県明日香村）に「乙丑年十二月三野國《みののくに》ム下評《むげのこほり》大山《おほやまの》五十戸造《みやつこ》」と書かれていました。「五十戸」と書いて「さと」と読ませています。五十戸の単位を「さと（里）」と称したという方が正確かもしれません。同じ遺跡からは山上碑と同年の「辛巳年鴨評《かものこほり》加毛《かも》五十戸」の木簡も出土しています。

山上碑と同時代の滋賀県野洲市の西河原森ノ内第2号木簡の表記も「衣知評《えちのこほり》平留《へるの》五十戸」です。

一方、藤原宮下層運河（奈良県橿原市）から六八三年と考えられる「癸未年十一月三野大野評阿漏里」の木簡が、石神遺跡からは翌年の「甲申□三大野評堤野里」の木簡が出ています。六八三年頃には「里」へと表記が変わったようです。

六×五十戸＝三百戸ですから、三百戸と六里が同一の実体を表すことは確かです。

多胡碑はより古い表記を採用したとみられますが、どうしてでしょうか。

もともと戸は、自然な家族単位ではありません。発掘調査で出て来る竪穴などの住居一軒が一戸ではありません。毎年兵士一人を出し続けても家族が維持され税金を徴収できる単位でした。おおむね、「正丁」と呼ばれる二一歳から六〇歳の健康な男子三人を核とする単位で、おおよそ二五人からなっていたことが当時の戸籍などから明らかになっています。

五十戸は兵士五十人を出せる単位です。兵士五十人は「隊」と呼ばれ、軍団の基礎単位でした。地方制度や軍団制度の確立は大宝令によると見られますが、多胡碑が「戸」あるいは「五十戸」を基礎に自らの地域の成り立ちを記していることの意味は大きいと見られます。

このように見ると、多胡碑がより古い表記である五十戸という単位を用い「三百戸」と表現していることは、地域の実情をできるだけ正確に表現しようとした証と見られます。

うがって考えれば、多胡郡が成立する以前にはそれぞれの里の名は確定されておらず、甘良郡を中心に甘良・緑野・片岡に展開していた三百戸の家族あるいは地域が多胡郡となる時、同時に六里としての編成が命ぜられ、それぞれの里の名が確定された可能性も否定できません。

これも多胡碑の在地性と真正性を証す要素と言えましょう。

官符と碑の最大の違い…多胡碑が書かれた核心

碑と官符の最大の違いは、「并《あは》せて…郡を成《な》す」（碑）と「割《さ》きて…郡を置《お》く」（官符）の書き方、視線の違いです。記述者の立場の違いと言えばよいでしょうか。

符の「割きて…郡を置く」の書き方は分割・設置です。上からの目線です。これに対して、碑の「并せて…郡を成す」の書き方は合併・成立です。郡設置の命令を受けとめての地域の視線での書き方と言ってよいでしょう。

しかし『続日本紀』の多胡郡設置だけが特殊な書式で、一般には碑の書き方と類似しているかもしれません。そこで改めて『続日本紀』の国・郡設置記事を拾ってみましたが、『続日本紀』の記録はほぼ全てが「割（分）国（郡・郷）…（始・別）置（国・郡）」でした。分割・建置が国・郡設置を符に記す基本的な表現（書式）であったと見られます。当然のことでしょうが、上からの視線、命令の表現です。

であれば、ますます碑の「并《あは》せて…郡を成《な》す」という書き方の特異性が際立ちます。地域主体の視点で語られていることが目立ちます。その視線で多胡碑を読んでいくべきでしょう。

「給羊成多胡郡」をどう読むか

その視線に立った時、「并三郡内三百戸郡成」に続く「給羊成多胡郡」はどう読めるでしょうか。「多胡郡」の名は『続日本紀』にも明記されていますが、「羊」という文言は『続日本紀』には見られません。符には書かれていなかった可能性が高いと思われます。それだけに、とても気になる一文です。実際、符との照合を考えれば、視線は逆でも「并せて三郡の内の三百戸は多胡郡を成す」で済むはずです。なぜ、一部重複する形で「給羊成多胡郡」と記したのでしょうか。

そこで、考えたいのは「羊」の解釈です。

中央で言及されてなかった「羊」が、なぜ多胡碑に現れたのかの理由を考えることが必要と思えてなりません。

「羊」人名説が定説だが…

「羊」は従来人名と考えられてきました。多胡郡最初の郡司の氏名《うじな》であろうとする説が、いわば定説です。人名説には、三つの論拠がありました。

第一は、多胡郡域から出土した瓦のヘラ書き文字です。「羊子三」と読まれてきました。

第二は、羊太夫伝承です。多胡郡域を中心に群馬県西南部から埼玉県北西部にかけて広く普及していきます。多胡碑も「お羊さま」と呼ばれて信仰の対象でもありました。【コラム5：82頁参照】

第三は、令《りょう》の説明に付された、郡司を選ぶに際しては「先ず国造に給せるべし」という註釈です。群馬県古代史・考古学の大先達、尾崎喜左雄先生（一九〇四～一九七八）も注目された註釈です。

しかし各論拠について、次のような反論が可能です。

第一の論拠となってきた瓦のヘラ書き文字の読みは「辛子三」に定まりつつあります。「辛」は辛料（＝韓級）郷の略表記で、続く「子」は、天平神護二（七六六）年吉井連を与えられた「新羅人子午足」に連なる氏の名と見られます。「羊」を氏の名とみなすことは難しい状況です。

第二の論拠も、そもそもが「羊」を人名と解釈して生まれた伝承です。それを論拠とすることは結論の先取りです。論証とはなりえません。

第三の論拠へは、郡司を選ぶに際しての註釈の、さらなる註釈中にあったものです。本文にあるのではありません。慎重な検討が必要です。

このように、「定説」となっている事柄にも再考が必要な側面があります。

再考の手段として、まずは「給」という動詞が同時代史料の中でどう使われているかを見直してみましょう。

「給」の意味は「与える」ですが、「給」は、与える相手（間接目的語）と、与えられる対象（直接目的語）の、二つの目的語を取ることができます。与える相手（間接目的語）は「誰に」、与えられる対象（直接目的語）は「何を」と見ればよいでしょう。「給」が「誰に」を目的語としていれば、羊は人名となります。「給」が「何を」を目的語としていれば、羊は文字通りの動物となります。

当たり前だろうと言われそうですが、同時代史料の中で、「給」は、「誰に」を目的語とする例と「何を」を目的語とする例のどちらが多いかを検証して、「給」の使われ方の蓋然性を検証してみました。表の通りとなりました。

文献銘	例数	誰に	何を	
古事記	16	2	14	
日本書紀	28	8	20	
続日本紀	16	0	16	※該当年代から算出（巻四〜五）
万葉集	8	0	3	※8例の内5例は、他の動詞を補う「補助動詞」として用いられている

こうした用例を見る限り、「給」に続く言葉は「何を」となるものが多く、碑文の「給」も、この例にならえば「動物の羊」を目的語としている可能性が大きくなります。

動物の羊は、当時の日本にいたか

動物としての羊が当時の日本にいた可能性を示唆する史料も存在します。

まず『日本書紀』推古天皇七（五九四）年九月条に「百済、駱駝一匹、驢一匹、羊二頭、白雉一隻を貢ぐ」（原漢文）とあります。「二頭」とあって「番《つがい》」とないので、繁殖したかは不明ですが、もたらされていたことは確かでしょう。

また、上野国の隣国・下野国から毎年「氈《かも》十枚（張）」を朝廷に献上すると律令の施行細則集『延喜式』（内蔵寮の条および民部下の条）に記されています。

「毛氈」とはフエルトのことです。羊毛などに熱や圧力を加えて作る板状の毛織の敷物です。献上は、日本国内で下野国だけです。大変な特産品です。

正倉院に多数の毛氈が残されています。平成二十七（二〇一五）年第67回正倉院展に出された「花氈」は学際的研究で中国産と証明されましたが、正倉院や宮中、社寺には下野国内で作られた毛氈も残されているのではないでしょうか。下野は上野の隣国だけに気になる記録で。

栃木県佐野市と栃木市の境にある三毳山《みかもやま》は「氈」にまつわる可能性があります。偶然かもしれませんが、多語郡の南、群馬県藤岡市多野郡神流町には、御荷鉾山《みかぼやま》がそびえています。

「かも」はやまとことばでしょうが、氈は中国北西部の遊牧民の間で作られていたものです。その人々は胡（人）と呼ばれていました。

渡来人が多く在住する最先端産業地帯を思えば

多胡郡は、新羅系を中心とする多くの渡来の人々がいた最先端産業地帯です。甘良郡も韓郡です。渡来人の里ですが、単に渡来の人々、とくに新羅系の人々のための新郡設置であれば新羅郡で充分です。現に霊亀二（七一六）年高句麗系の人々のために武蔵国に置かれた郡は高麗《こま》郡と名づけられ、天平宝字二（七五八）年新羅系の人々のために同じく武蔵国に置かれた郡は新羅《しらぎ》郡と名づけられています。

わざわざ多胡郡と命名した背景に、遙か西方の最先端技術である牧羊・氈製作を想像したくなります。「給羊成多胡郡」とあるように「給羊」と「成多胡郡」は一連の文言です。「給羊」が「成多胡郡」の理由と考えられないでしょうか。【コラム5：82頁参照】

あくまでも、一つの、それも全くの仮説ですが、「給」の用例に沿った読み方、多胡郡という郡名の由来を説明する読み方として、ご検討いただければ幸いです。こうした論争が広がっていくことも、上野三碑の認知度を高めていくことになると信じています。

認知度と言えば、多胡碑は江戸時代後半には朝鮮王朝や大清帝国にも知られていました。山上碑・金井沢碑も江戸や京都の知識人の間で有名なものでした。そこに思いをはせることも上野三碑の保存、継承には重要です。【コラム6・7：83、84頁参照】

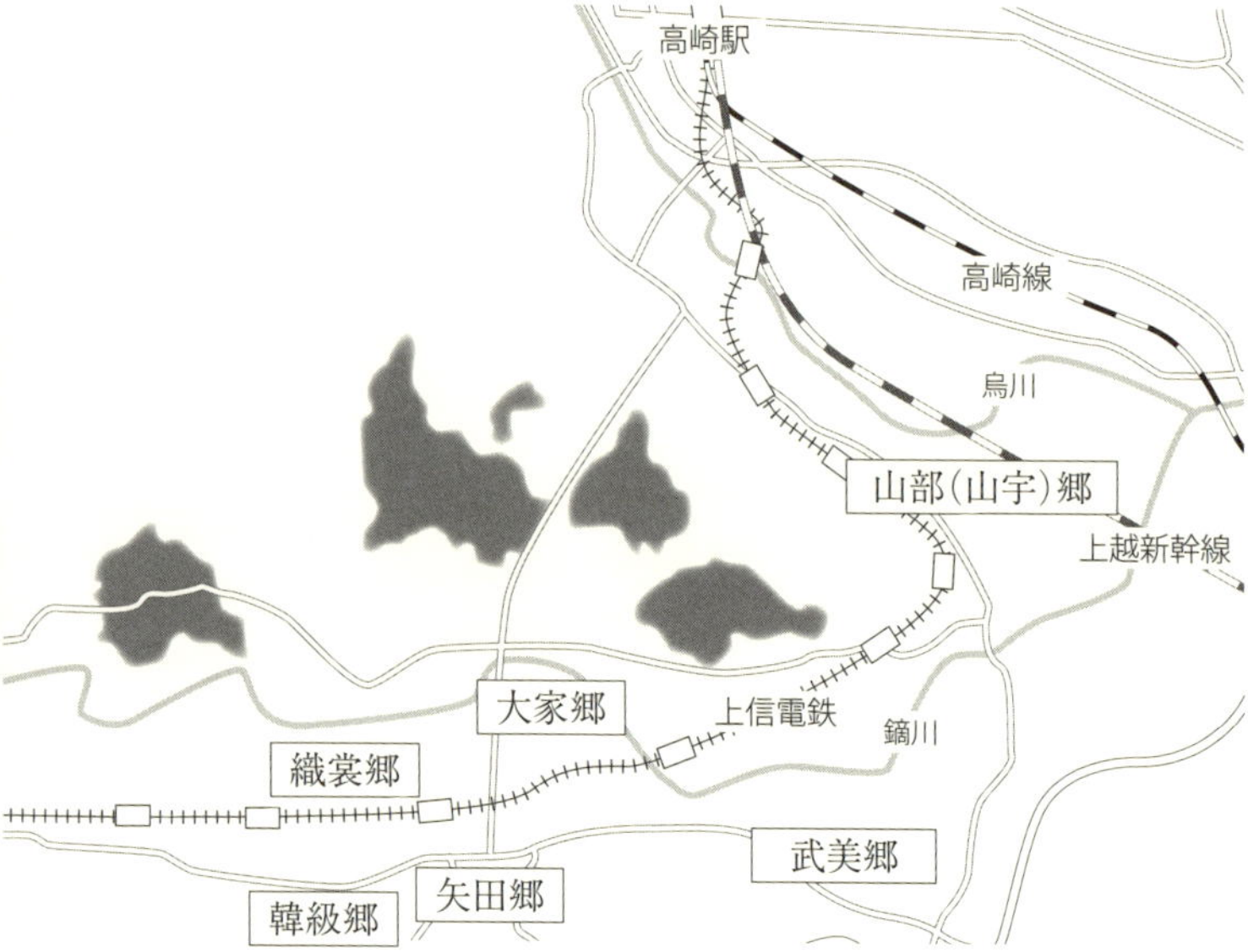

多胡六郷のおもむき

おおむね西から書き始めている『続日本紀』の記載に従って、多胡郡六郷を訪ねてみましょう。

織裳郷

織裳《おりも》郷は、吉井町の最西部、甘楽《かんら》郡甘楽町と接する地域と見る見方が有力です。

郷名に「織」を含む郷は、錦織《にしこり》（及び錦織部→錦部）郷、服織《はとり》（及び服織部→服部）郷など、全国各地に散見されますが、織裳郷はここにしか見られません。かなり特殊な織の技術に関わる可能性があります。鍵は「裳」にあります。

「裳《も》」と言うと、チマやスカート、下着と思いがちですが、本来は、皇太子、親王・内親王、諸王、五位以上の貴族が国家の大事な儀礼の際にのみ着用する礼服（「らいふく」と読みます）の一部で、男女ともに用いました。律令の規定では「褶《ひらみ》」という文言で表現されています。『日本国語大辞典』は「裳」を「男子の礼服の時、表袴の上につけるもの。…宮廷奉仕の婦人、またそれに相当する貴族の婦人の正装の時、表着《うわぎ》や袿《うちぎ》の上に腰部より下の方だけまとう服」と説明しています。

「織裳」の名が他国に見えないことを考えると、「裳」の製作に専従していた可能性が大です。織物一般ではなさそうです。多胡郡の性格として押さえておきたい点です。

韓級郷

韓級郷《からしな》は、『和名類聚抄』では「辛科」と記されています。辛科《からしな》の名を伝える多胡郡総鎮守・辛科神社が鎮座していることから旧多野郡多胡村（高崎市吉井町西南部）辺りと見て間違いないでしょう。神保《じんぼ》古墳群や多胡古墳群などの群集墳、多胡碑と同じ石材（多胡石、牛伏《うしぶせ》砂岩・天引石《あまびきいし》とも）を石室に用いた終末期の横穴式円墳（多胡薬師塚古墳）の存在なども注目されています。

これまた他国に例のない郷名です。もともと甘良郡に属していたことを考えれば「韓」の文字を負うことはもっともでしょうが、「（地名に含まれる）シナは、その物や性質の良さによって他と区別される地域の意」（『古典基礎語辞典』）という意味が込められているとすれば、織裳郷の例から見て、韓由来の高級な何かを専従的に製作していた可能性があります。

矢田郷

矢田郷《やた》は「八田」とも記されます。矢田郷・八田郷は他国にも見られますが、吉井町矢田を遺称地とする見方が有力です。上信越自動車道関連の「矢田遺跡」からたくさんの紡錘車が発見されました。多胡郡全域から多くの紡錘車が発見されていますが、矢田遺跡の出土量には圧倒されます。多胡碑記念館で見ることができます。糸の生産や機織の中心地域だった可能性が大です。

郷の性格を考えるには、それで十分なのでしょうが、もともと甘良郡に属していたことを考えると、上毛野朝臣《かみつけののあそみ》の同祖と称する氏族《うじぞく》・韓矢田部造《からやたべのみやつこ》との関係が気になります。古代の氏族事典『新撰姓氏録』の摂津国皇別という箇所に、神功皇后の時代に、上毛野君に繋がる現古君《うつしふるきみ》という人物が、海中に物があったので調べに行かされ、韓蘇使主《からそおみ》らを率いてきたので、韓矢田部造という姓を賜ったという伝承を載せています。よく分からない伝承ですが、何とも気になる存在です。

大家郷

大家《おおやけ》郷は、多胡碑の建つ吉井町池《いけ》を中心とする地域との見方が有力です。高崎市教育委員会の連年の調査で郡の役所・郡家《ぐうけ》の正倉と思われる建物跡が見つかり始めています。

多胡碑は鏑川《かぶらがわ》の南岸に立っていますが、池地区は鏑川を挟む形で南北に伸びています。他の郷との位置関係も考慮すると、鏑川北岸の馬庭《まにわ》・木暮《こぐれ》・岩井地区なども含んで考えた方が良さそうです。鏑川が大きく蛇行する地点です。間もなく烏川に合流します。やがて烏川は神流川《かんながわ》を合流して利根川に流れ込みます。一大合流地点の直前です。この郷の性格を考えるうえで重要と思われます。

大家郷は他国にもあります。武蔵国入間《いるま》郡例は同じく「おほやけ」ですが、「おほや」と読む例（越後国古志《こし》郡）や「おほいへ」と読む例（石見国邇麻《にま》郡）もあります。大宅《おほやけ》郷（大和国添上《そふのかみ》郡など）や大屋《おはや》郷（常陸国鹿島郡など）もあり、比較的多い郷名です。

参考となるのは入間郡大家郷のありようです。大家郷は埼玉県川越市弁天南遺跡から「大家」と墨で書かれた土器が出土していることから入間川の右岸、仙波台地と推定されています。弁天西遺跡からは和同開珎や銅製の秤の錘などが発見されています。生産管理、流通・交易の拠点であったことを伺わせます。政治・行政の中心でもあったでしょう。大家郷の地が、入間川が大きく蛇行し荒川に合流する直前であることは注目されます。多胡郡大家郷と相似た立地です。

今のところ、大家郷が何か特殊な生産に専従していた様子は伺えません。統括・集荷の拠点だったのでしょうか。舟運・流通の拠点だった可能性も否定できません。

武美郷

武美《むみ》郷と同名の郷は他国になく、「武美」の意味も不明ですが、旧多野郡入野村《いりののむら》（高崎市吉井町東南部）辺りで間違いないでしょう。推定地域内の黒熊中西《くろくまなかにし》遺跡からは平安時代前半の寺院跡とおぼしき遺構が発見され、鬼瓦や瓦塔《がとう》が出土しています。

瓦塔は五重塔や七重塔を精巧に模した焼物の塔です。奈良時代の末から平安時代の初めにかけて、東日本を中心に盛んに作られました。もともと属していた緑野郡は埴輪・瓦生産の一大拠点です。連綿として大古墳を造り続けた地域でもあります。

とくに、東日本最大の後期古墳、七輿山《ななこしやま》古墳（全長一四五ｍ）が築かれた場所は武美郷に隣接しています。

七輿山古墳は羊太夫伝承の主要な舞台の一つでした。自害した羊太夫の奥方と侍女たち計七名の遺骸を輿に納めて葬ったので七輿山と名付けられたと伝わります。

やがて緑野郡は、奈良時代の末から東国仏教の中心となっていきますが、緑野郡が、『日本書紀』安閑《あんかん》天皇二年条に記されている緑野屯倉《みどののみやけ》に根ざすと考えられていることも、武美郷の性格を考える上で重要でしょう。緑野郡との連なりを意識して考察を深めたい地域です。

山部（山字）郷

山部《やまべ》（山字《やまな》）郷は、高崎市山名町《やまなまち》を遺称地とし、旧多野郡八幡村《やはた》（高崎市南八幡地区、山名町・木部《きべ》町・阿久津《あくつ》町・根小屋《ねごや》町）辺りと見て間違いないでしょうが、正倉院御物の揩布《すりぬの》屏風袋に「上野國多胡郡山部郷戸主秦人《はたびと》」と書かれているように、もともとは「山部郷（里）」でした。

そのことは、天平十九（七四七）年の法隆寺財産目録『法隆寺伽藍縁起并流記資財帳《がらんえんきならびにるきしざいちょう》』に、天平十（七三八）年永年食封《じきふ》とされた四地域の一つに「上野國多胡郡山部郷五十戸」が挙げられていることからも裏付けられます。

食封というのは、親王・貴族・寺院などに俸禄として分け与えられた公民のことです。そこから上がる租（税金として納められる米）の半分、庸（労役代わりの布等の納入）・調（諸国産物）のすべてと仕丁の労役が寺院等に直接徴収されます。

律令体制下の税金は人頭税ですから、食封とされた公民は、実質的に、その寺院等に所属して働くことになります。天平十年は七三八年ですから、多胡郡になってさほどの時を経ずに法隆寺の荘園となったと言えましょう。

山部郷の大きな特色です。多胡郡の他の郷とはやや性格を異にしています。

山部郷が山字（山名）郷と名を変えたのは避諱《ひき》という制度のためです。中国で始まった制度です。皇帝の実名、諱《いみな》を人名や地名などに使用することを禁ずる、すでに使われている場合は変更させるという制度です。皇帝は時間・空間だけでなく、ものの名も支配するという考えから出たものです。日本では平安京を造った桓武天皇が初めて導入しました。自らの実名（諱）・山部皇子の「山部」と先帝・光仁天皇の実名・白壁皇子の「白壁（白髪部）」の使用を禁止します。

山部里は「山里」とされました。『続日本紀』は桓武天皇治世下の政府の歴史書ですから、多胡郡設置を記す『続日本紀』の記載「山等六郷」は「山など六郷」と読むのが良いでしょう。

強制変更の結果、『和名類聚抄』の段階では郡・郷名の山部も白髪部も完全になくなっています。山部は、漢字二字での表記を意識して「夜麻《やま》」に変えられた場合が多く、大和国平群《へぐり》郡と越後国古志《こし》郡に夜麻郷が見られます。平群郡は法隆寺の建立地で、古志郡は「おほや」と読むものの大家郷のある郡であることも何とも示唆的です。

多胡郡の山部郷は山郷となったものの、夜麻郷とはならず、上野国分寺瓦に「山字」と書くように、早くから山字という表現を採ったようです。「字」は名を表すから、「字」と書いて「な」と読み、それが今日の山名の表記に変わっていきました。「山字」とは何とも興味深い表現です。

多胡郡を成り立たせた人々

「山字」文字瓦に代表されるように、多胡郡に関わる文字瓦が大量に見つかっています。多くが上野国分寺の瓦ですが、多胡郡で焼かれた、あるいは多胡郡の人々が上野国分寺瓦の製作に深く関わったためと見られています。一部を確認しておきましょう。郷名も分かります。

多胡郡織裳郷	織裳郷	上野国分寺跡（高崎市東国分町）
織山長□	織（裳郷）の山（部）長□	上野国分寺跡
辛科子浄庭	辛科（郷）の子浄庭	上野国分寺跡
辛子三	辛（科郷）の子三	塔の峯（高崎市吉井町黒熊）他
八田家成	八田（郷）の家成	上野国分寺跡
八阿子麿	八（田郷）の阿（倍）子麿	上野国分寺跡
大家	大家（郷）	国分寺中間地点
武美子	武美（郷）の子（欠字か）	上野国分寺跡他
武子鼠	武（美郷）の子鼠	矢田遺跡（高崎市吉井町矢田）
山字子文麿	山字（郷）の子文麿	上野国分寺跡
山物卩《（部）》乙万呂	山（字郷）の物部乙万呂	上野国分寺跡他

六郷すべての郷名（ないし省略形）が見られますが、それ以上に目立つのは「子」という文字です。

人名の一部と考えられるものもありますが、ほとんどが郷名＋「子」＋名という形です。「○○郷の子△△」と読めますから、「子」という氏族が多胡郡にはあまねくいたと言えそうです。そのことを裏付ける史料があります。『続日本紀』天平神護二（七六六）年五月壬戌《みずのえいぬ》（八日）条「上野國に在る新羅人　子午足ら一百九十三人に姓《かばね》を吉井連《よしいのむらじ》と賜ふ。」（原漢文）です。

記事には多胡郡とは書かれていませんが、「子△△」の表記が多胡郡関係に集中していることは確認したばかりです。

「吉井」と書かれた文字瓦も上野国分寺跡で見つかっていますし、吉井町石神《いしがみ》の千保原遺跡からは「□井連里」と書かれた文字瓦が出土していますから、多胡郡を中心とした記事と見てよいでしょう。

しかし氏族《うじぞく》としての「子」の例は、この記事以外、古代文献のどこにも見つかりません。「新羅人子午足」とあるので、「子」は新羅の氏の名（苗字）かと思い調べてみましたが、古代朝鮮諸国の歴史をまとめた『三国史記』『三国遺事』に、新羅だけでなく百済・高句麗・加羅諸国にも「子」という氏の名は見つかりません。インターネットで調べた範囲では、現在の韓国人の苗字にも「子」は見あたりませんでした。

「新羅人」とあるので音で「し」と読みたいと思いますが、「子」は非常に特異な氏名で、また、子氏が吉井連という氏姓とされた根拠も未解決の課題です。【コラム6：83頁参照】

子午足らが吉井連という姓を与えられたということは、どういうことでしょうか。藤原氏とか大伴氏とか言いますが、正確には藤原朝臣《あそみ》、大伴宿禰《すくね》と言います。藤原・大伴に当る部分は氏《うじ》の名で、朝臣・宿禰の部分が姓《かばね》です。

古代社会は厳格な身分社会で姓が身分を表します。姓が許されるかどうかで一線が引かれ、さらに真人《まひと》・朝臣・宿禰・忌寸《いみき》の姓を持つ者だけが貴族として扱われます。

吉井連《むらじ》の賜姓は、吉井という氏《うじ》の名と連《むらじ》という姓《かばね》を合わせて与えられ、姓のない人々とは一線を画した存在、貴族と一般公民との間に位置する優勢氏族として認められたということです。

天平神護二（七六六）年は、多胡郡が成立した和銅四（七一一）年から半世紀も経っています。国家に裏切られて滅亡したという羊太夫の伝承とは反対に、実際の多胡郡の人々は高く評価され続けたということです。

吉井連賜姓には二つの特筆すべきことがあります。

第一は、「一百九十三人」という数の多さです。

漏れもあるでしょうが、『続日本紀』の「賜姓」例は、インターネット検索では二六〇ほど見つかります。（編集部註：二〇一六年二月現在）一人例が一四〇ほどで半数以上を占めます。二〇人未満までで二三〇ほどとなり九割弱です。百人以上は、吉井連以外では三例しかありません。僅か一パーセント強です。

第二に、吉井連賜姓と前後して上野国在住者への賜姓が集中しています。賜姓は、天平宝字八（七六四）年九月の藤原仲麻呂の乱以降の称徳政権で急増する傾向があります。

『続日本紀』によれば、天平神護元（七六五）年十一月に甘楽郡の物部蜷淵《になぶち》ら五人に物部公《もののべのきみ》が、吉井連が与えられた同年同月に同じく甘楽郡の礒部牛麻呂ら四人に物部公《もののべのきみ》が、神護景雲元（七六七）年三月には碓氷郡の上毛野坂本公黒益に上毛野坂本朝臣《かみつけのさかもとのあそみ》、佐位郡人外従五位上檜前君老刀自《ひのくまのきみおゆとじ》に上毛野佐位朝臣《かみつけのさぬのあそみ》が与えられています。

上野国の人々への集中的な賜姓が行われたのは僅か一六ヶ月の間のことです。すべて上毛野朝臣《かみつけののあそみ》馬長《うまなが》の上野守《かみつけののかみ》在任期間（七六四～七六八）に収まります。馬長は上毛野朝臣で唯一上野守に任じられた人物です。しかも上野守に任じられる年の正月には出羽介《でわのすけ》に任じられていました。通常では考えられない人事です。上野国関係者の改賜姓のための異動人事ではなかったでしょうか。藤原仲麻呂の乱の上野国内への影響を抑え込むための当時の称徳政権の政策でしょう。

それにしても子午足らへの賜姓の多さは際立っています。

多胡郡と多胡郡の新羅人の存在は大きかったということです。

ハイテク産業地帯として人口が密集していた多胡郡

子氏ないし吉井連が中心的な氏族として活動した多胡郡が高度、特殊な技術に関わる可能性を見てきましたが、そのことは当時の人口からも裏づけられます。当時から現代に至る全国的な人口動向との対比で示しておきましょう。一番分かりやすい数値です。左表をご覧下さい。

地域	奈良時代人口（推定）	現在人口	伸び率
多胡郡（※）	七五〇〇人程度（六郷）	三万人程度	四倍程度
上野国（現、群馬県）	十二万人前後（一〇〇郷前後）	二百万人程度	十六倍程度
総人口	五百～六百万人	一億二七〇〇万人	二十倍程度

※「多胡郡」は、現在の高崎市と藤岡市の一部で、先の地区となる。
高崎市（吉井町上奥平、吉井町下奥平、吉井町岩崎、吉井町坂口を除く吉井町各町）
藤岡市（大字上日野、下日野）
総人口と比較しても人口密集度がわかる。技術集積地として重要視されていた。

多胡郡域は、人口が伸びなかったのではなく、奈良時代あまりに人口が集中していたと見るべきでしょう。しかし地域は、現在でも、大規模な稲作に適したとは言い難い場所です。稲作によらない生産によって多くの人々が暮らせたのは、高度・特殊な技術が集積していたからではないでしょうか。

生糸や絹の生産自体が当時の先端技術でした。裳という特殊な服飾品の製造を担っていた可能性もあります。瓦の生産や石の加工、文字を書き刻むことも先端技術でした。金属加工も行われていたことでしょう。流通・舟運の拠点も想定されます。想像の域を出ませんが、羊の飼育を通した氈の生産も想定内のように思われます。

少なくとも、多様な最先端産業が集中した地帯だったと言ってよいでしょう。都城とは異なる形で都市的な成熟を示していた地域と言ってもよいかもしれません。

新羅人子午足らへの吉井連賜姓から地域の主要な居住者として今来《いまき》（新来）の新羅系渡来人が想定されますが、技術力に富む多様な人々が暮らしていたと見られます。

成熟した、国際的な様相を帯びた、最先端産業地帯を独立した郡として拠点化することが国家意思だったと思われます。

その流れを主体的に受け止めて、多胡郡域の人々は、出身地域の壁を超えて多胡郡を成立させました。多胡碑はまさに自立と共生の記念碑と言えそうです。

一部が多胡郡に割かれた甘楽郡・緑野郡も、それぞれ一三郷一万六千人、一一郷一万四千人ほどの人口でした。両地域の現在人口は七万人と六万人ですから、人口増加率は四倍強です。

多胡郡と同じ人口増加率です。多胡郡同様の先端技術集積地帯であったことがうかがわれます。

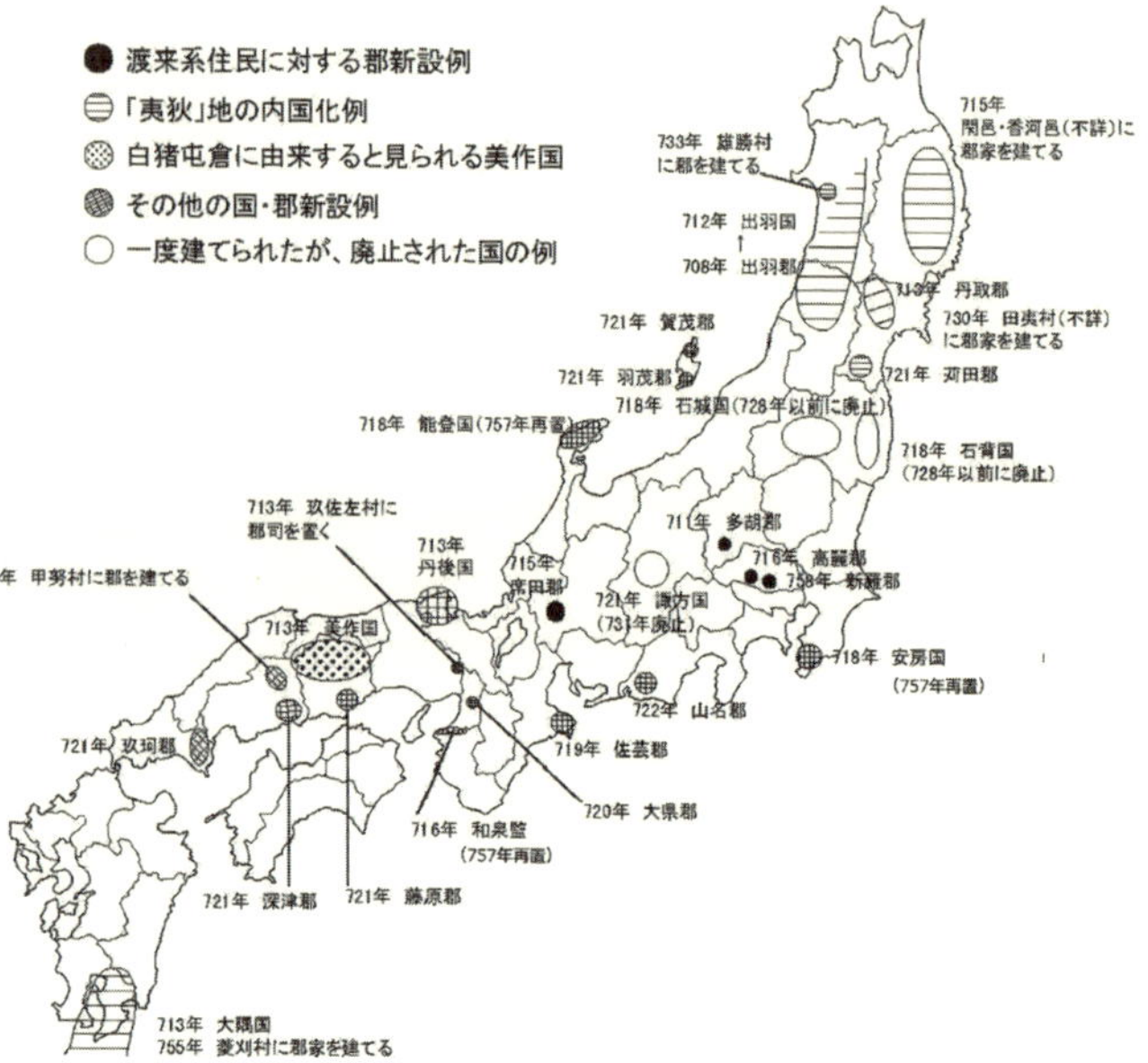

国家の大事　早々と分置された多胡郡

そのような性格を持つ多胡郡の設置は、国・郡設置の流れの中でどう位置づくでしょうか。『続日本紀』の国・郡設置を図にまとめてみましょう。

多胡郡が新しい郡としては非常に早く置かれたことに気づかされますが、全体の流れは次のように整理できるでしょう。

① 国・郡新設は和銅・霊亀・養老年間（七〇八〜七二四）に集中し、神亀・天平・天平勝宝年間（七二四〜七五七）には後退します。天平宝字元（七五七）年の養老令施行で再度推進されますが、一時的な動きに止まりました。

② 和銅〜養老年間の国の新設は九国（出羽・丹後・美作・大隅・能登・安房・石城《いはき》・石背《いはしろ》・諏方《すは》）と和泉国の前身・和泉監《げん》でし

たが、五国（石城・石背・能登・安房・諏方）と和泉監は神亀・天平年間に廃止されました。天平宝字元年に三国（能登・安房・和泉）が復活しますが、石城・石背・諏方は二度と再び設置されませんでした。

③ 新しい令制国として定着した七国は四つの形に分かれます。

a．「夷狄《いてき》」地とみなした地域の令制国化　出羽・大隅

b．王権と密接な関係を持つ地域の令制国化　和泉・安房

c．大宝前代の勢力圏の令制国としての再編　丹後・能登

d．bとcの要素を合わせ持つと見られる例　美作

白猪屯倉に端を発する美作国が多胡郡と相通じる性格を持っていることは注目されます。

④ 郡の新設では、服属すべき賊地＝「夷狄」地とみなした陸奥・出羽での新設と、渡来系住民を移住させての新設（美濃国席田《むしろだ》郡、武蔵国高麗《こま》郡・新羅《しらぎ》郡）が目立ちます。

⑤ 多胡郡は渡来系住民のための郡新設の最初の例と見られますが、既住地での新設です。渡来系住民を移住させての新設である席田郡・高麗郡・新羅郡とは事情を異にします。

⑥ 渡来系住民を移住させての郡新設は霊亀元（七一五）年に始まりますが、「夷狄」地に対しても、前年の和銅七（七一四）年二月、隼人の地であった大隅に豊前国民二百戸を移し、八月、蝦夷の地との最前線である出羽柵戸に尾張・上野・信濃・越後らの国民二百戸を配したことを始めとして、蝦夷の地であった陸奥・出羽に東海・東山・北陸各道の民を大量入植させる動きが起こってきます。和銅七年から養老三年までの五年間で陸奥・出羽に移された民は一五〇〇戸（三七五〇〇人）に上

ります。全人口の一パーセント近い数値です。逆に上野国などには「夷狄」とみなした人々を移住させての「俘囚《ふしゅう》郷」「夷俘《いふ》郷」が置かれるようになります。多胡郡にも置かれました。

総じて、和銅～養老年間に集中した国・郡の新設は、「夷狄」地の内国化と住民の入れ替え、渡来系住民の居留に対する令制支配の徹底、日本国民化に重点があったと見られます。

それは、統一新羅・渤海《ぼっかい》、さらには遡って新羅・百済・高句麗・加羅諸国を日本に臣属すべき蕃国、蝦夷・隼人や国家間関係を前提としない居留外国人を服属すべき民＝夷狄とみなし、日本の姿を「諸蕃と夷狄の上に立つ小中華の国」と展望した当時の政府が、国家目標を現実の国土の上に見える形で表そうとする営みであったと言えます。

そう考えれば、渡来系住民のための最初の新郡設置の可能性が高い多胡郡設置を記念する碑に政府中枢の名が刻まれたこともうなずけます。多胡郡新設には強い国家意思が反映されていた可能性が非常に高いからです。

鍵握る左中弁、多治比真人三宅麻呂

そこで注目したいのが、「宣左中弁正五位下多治比真人《たぢひのまひと》」なる文言です。対蝦夷戦の現場指揮を執るため、左大弁が長期間都にいなかったことが左中弁の名が多胡碑に刻まれた大きな理由であることは確かですが、それだけでしょうか。

「左中弁正五位下多治比真人」と書かれているだけで、名までは書かれていません。

しかし、多胡碑をめぐる長い研究史の中で三宅麻呂《みやけまろ》という人物であることが確定されています。三宅麻呂という人物は律令国家が確立される過程で実に重要な役割を担った人物でした。そして最後は伊豆島に流刑となるという波乱万丈、数奇な運命をたどった人物です。三宅島の名は彼に基づくと言われるほどです。

彼の生涯を『続日本紀』で追ってみましょう。

三宅麻呂が史上に姿を現わすのは大宝三（七〇三）年正月です。大宝令を全国に普及させていく中で「政績《せいせき》を巡省《じゅんせい》して冤枉《えんおう》を申理する」ため東山道に派遣されました。時の位は従六位ですが、東海道には藤原朝臣不比等の次男・房前《ふささき》が派遣されるというように、七道に一人ずつ、律令国家日本を担うことが嘱望されていた若きエリートたちが派遣されました。

翌年、慶雲《けいうん》元（七〇四）年、従五位下に叙されます。貴族としての扱いを受けることになります。前年、七道に派遣された人々の中では一番早い出世です。三宅麻呂への評価、期待が高かったことがうかがわれます。

慶雲四（七〇七）年には、正四位下犬上王《いぬかみのおうきみ》、従五位上采女《うねめ》朝臣枚夫《ひらぶ》らと文武天皇大葬の御装司に任じられます。時に従五位下とあります。

翌年正月、東山道は武蔵国秩父郡より和銅《にぎあかがね》が献上されたことを瑞祥として「和銅」と改元されます。二月、和同開珎を鋳造するための催鋳銭司《さいずぜんし》が置かれ、三宅麻呂はその長官となります。一連の過程の中心人物の一人だったと見られます。

和銅二年には、文武天皇大葬の御装司の任を共にした采女朝臣枚夫らと造雑物法用司に任じられます。造雑物法用司は後に板屋司と名前を変えられますが、実態はよく分かっていません。憶測を逞しくすれば翌三年の平城遷都の準備でしょうか。

次に現われるのが和銅四年三月の多胡碑です。この時までには左中弁、正五位下となっていたことが知られます。

四月には正五位上に叙されます。多胡郡建郡も叙位に関わっていたと見るのが妥当でしょう。

六年には従四位下に叙され、中級貴族と遇されます。

霊亀《れいき》元（七一五）年には従四位上に叙され、左大弁となります。おそろしいほどの急ピッチでの栄進です。

そして養老元（七一七）年三月には、多胡碑に「石上尊」と刻まれた石上朝臣麻呂の薨去に際し、式部卿正三位《しょうさんみ》長屋王《ながやのおうきみ》と共に弔賻《ちょうぶ》、天皇の名代《みょうだい》としての弔問に立ちます。

三年には正四位下に叙せられ、河内国摂官という河内守の上に立つ特別執政官の任に着きます。律令には規定されていない令外《りょうげ》の官の一つで、摂官が置かれたのは河内、摂津、山背だけです。山背国摂官は大伴宿禰旅人《たびと》でした。

五年には正四位上に叙されましたが、六（七二二）年謀反《むへん》（天皇の殺害・廃位の企て）を誣告《むごう》（虚偽の告発）したとして斬刑を命じられます。皇太子の奏により死一等を降され伊豆嶋に流されます。三宅島は彼に由来すると言われています。同日、大宝三年に「政績を巡省して冤枉を申理する」同じ目的で山陽道に派遣された正五位上穂積朝臣老《おゆ》も乗輿《じょうよ》（＝天皇）を指斥《しせき》したとして佐渡島に流されました。

このような波乱万丈の人生を送った三宅麻呂ですが、多胡碑を読む視点から見た場合、大きく三つの要点があります。

第一　左弁官の任にある期間が非常に長い

和銅四年に左中弁にあったことは多胡碑碑文で分かりますが、『続日本紀』の記載と重ね合わせると、官人としての登場から流刑になるまでの一九年間（七〇三〜七二二）のうち八年以上（七一一〜七一九）を左中弁・左大弁として過ごしています。しかも左大弁の巨勢朝臣麻呂は和銅二（七〇九）年から和銅六（七一三）年まで陸奥鎮東将軍として対蝦夷戦の現場に関わっていましたので、左弁官の業務はほぼ三宅麻呂に任され続けていたと見てよいでしょう。

全ての役所の上に立つ太政官の事務局を完全に任されていたということです。その存在感は大きかったと思われます。

第二　多胡郡・上野国を含む東山道の事情に精通していた

最初の任命が大宝三（七〇三）年の東山道派遣でした。「政績《せいせき》を巡省《じゅんせい》して冤枉《えんおう》を申理する」が任務でした。恒常的に派遣された広域地方行政監察官「巡察使《じゅんさつし》」と捉えがちですが、前後の巡察使の記載には派遣された者の名はなく畿内・七道諸国に遣わしたとあるのみです。この派遣は巡察使ではありません。国政の根本問題に直結する地域課題発見のための特別な派遣と見られます。

三宅麻呂はじめ派遣された者が間もなく貴族とされ、出世街道を直進していったことも、この派遣・人選が特別なものであったことを示唆しています。

三宅麻呂東山道派遣の最大の成果の一つは、和銅発見・献上による改元（七〇八年）、和同開珎の発行と、それに続く多胡郡設置（七一一年）であったと見られます。

第三　国家の大事に関わる物の製作の開発・管理に関与した。

文武天皇大葬における御装司（七〇七年）、和同開珎鋳造のための催鋳銭司（七〇八年）、造雑物法用司（七〇九年）の歴任は、多胡郡が最先端技術による開発・生産の場であったことと符合します。そのような人物であれば、三宅麻呂は、符発給に際しての職務として署名しただけでなく、多胡郡設置を推進し発議した国家側の中心的存在であった可能性が浮上します。

多胡郡設置は三宅麻呂によって進められたと多胡郡の人々が感じていたからこそ、太政官を構成する公卿、雲の上の人々の前に「宣るは左中弁正五位下多治比真人」と記したのではないでしょうか。

三宅麻呂の流刑が養老六（七二二）年であることは、多胡碑の設置がそれ以前であることを示しています。それは、とりもなおさず、多胡碑の真正性の証です。

コラム4　「弁官符」をどう読むか

私が「弁官符」を「官符を弁《わきま》ふ」と読む根拠を説明しておきましょう。

「弁官符」の読みには四つの可能性があります。

(1)太政官符の別称。　(2)弁官から発給された符。

(3)弁官を主語として「弁官符《ふ》す」と動詞で読む。

(4)弁を動詞として「官符を弁《わきま》ふ」と読む。

可能性を探る第一歩は「符」の用例調査です。インターネット上の検索システムで調べてみると、次の結果が出てきます。

(編集部註：二〇一六年二月現在)

『古事記』	序文に乾符の文言があるのみで、本文には「符」という文字は一字もありません。
『日本書紀』	一四例中、乾符同義の璽符四例、「ふ」の音仮名七例などで、行政命令としての符という形式は大宝令以前には存在しなかった可能性が大です。動詞としても使われていません。
『続日本紀』	四四例中三三例が命令としての符で、官符一一例、太政官符二例です。「弁官符」及び動詞としての用例はありません。
『万葉集』	「符」という文字がありません。

こう見てくると、(1)・(3)の可能性はほとんどないことが分かります。

そこで次に「弁(辨)」用例を検索してみました。

『古事記』	一五例全て「べ」の音仮名でした(厳密に言うと「べ甲類」ですが、音仮名で良いでしょう)。
『日本書紀』	二一例中、大弁官二例、僧の名の一部六例、「べ」の音仮名二例、熟語三例以外の八例は動詞として使われています。
『続日本紀』	三一六例もありましたが、僧の名の一部三七例以外の二七九例は弁官に関わる文言でした。動詞としての使用例もありません。
『万葉集』	三例全て「べ」の音仮名(べ甲類)でした。

「弁」は僧の名の一部や音仮名としての使用を除くと、『日本書紀』は動詞として使い、『続日本紀』は弁官に関わる文言として使っているという対照的な使われ方となります。

従って、次のことは言えそうです。

a.「弁官符」という用例はなく「官符」という使い方が一般的である。

b.「符」を動詞として使う用例はない。

c.「弁」を動詞として使う使い方は比較的古い。

こうした状況から、(4)「官符を弁《わきま》ふ」を第一候補、(2)「弁官からの符」を第二候補として捉えました。その上で、「弁官からの符」と読むと、「郡を成す」への文の流れがスムーズではないので、「官符を弁《わきま》ふ」と読みたいと考えています。

コラム5　羊太夫伝承

旧・多胡郡の地元を中心に群馬県西南部と埼玉県西北部には「羊太夫」の伝承が広がっています。

確認できる最も古い伝承は一四世紀後半に成立した説話集『神道集』の中で「此の羊の太夫と申すは、今の時《午＝一二時》に上野国多胡荘を立て都へ上げるが、未の時《一四時》御物沙汰に合て申の時《十六時》に国《上野国》へ下付ける」という「足早」のことを指していました。

群馬・京都間二時間、リニア新幹線並みで走る多胡郡在住の足早の者の伝承でした。この伝承が江戸時代に大きく膨らみ、たくさんの本が作られます。概要は次の通りです。

子宝に恵まれなかった夫婦の間に仏の導きで男児が生まれた。持統天皇九（六九五）年未歳《みのとし》未日《みのひ》未刻《みのこく》に生まれたので羊太夫と名づけられ成長していった。八束小脛《やつかこはぎ》という天狗の如き童子が現れて羊太夫に仕え、二人は奈良の都、元明天皇のもとに日参していた。そこで帝は和銅四年三月に多胡郡を立てて羊太夫に賜り多胡碑が建てられた。日々朝参していたが、八束小脛が寝ている間に両脇の羽根が切られてしまったため日参できなくなった。

足早の者・羊太夫の原像が八束小脛に受け渡されているわけですが、小脛の脇の羽を切ったのは羊太夫とする系統の本と羊太夫を妬む者とする系統の本があります。

奈良の都への日参が止まったため謀叛の企てありと讒言されて官軍を派遣され、羊太夫とその臣下は多様な技術力・特殊な力を駆使して戦ったが、多勢に無勢、国家に裏切られて羊太夫一族郎党は滅び去った。奥方と女中たちは七つの輿に入れられて小高い山に葬られたので、七輿山（古墳）と呼ばれる。

和銅四年を起点とし、多胡碑の存在を中核として旧・吉井町周辺で話は展開されます。官軍との戦いのありさまは迫真の筆力で活写されていてハイテク産業都市としての多胡郡の面目躍如です。謀反を讒言されて滅んだ時期を養老三年から五年としていることも注目されます。

七輿山古墳隣接の宗永寺（藤岡市上落合）に伝わる話では、「羊太夫は、ここから秩父山中に逃れ、夫人や家臣の菩提のためと、十六の地で十六人の僧の助けを得て『大般若経』を写経、寺を立てて納めたのち、仙と化し去った」と加わります。伝承は秩父へと広がり和銅発見との繋がりを示唆しています。現に秩父郡小鹿野町《おがのまち》には「羊太夫屋敷跡」や「羊太夫墓」が存在し信仰を集めています。

戦国の戦火と苦難から抜け出した江戸という新しい時代において自らが拠って立つ地域の歴史解釈、地域再生の神話として羊太夫伝承はまとめられていったのかもしれません。

コラム6　吉井を「よしゐ《い》」と読む根拠

吉井は「よしゐ《い》」と読んで良いのでしょうか。

多胡郡の大半は現在の高崎市吉井町《よしいまち》なのだから何をいまさらと思われるかもしれませんが、吉田と書いて「きちだ」と読む氏族がいます。吉田連《きちだのむらじ》と言い『新撰姓氏録』には「きちだ」と読む理由も書かれています。一族からは医術・学術に秀で『万葉集』にも『懐風藻』にも作品を残した人物が出ています。また、『続日本紀』には多胡吉師《たごきし》、『日本書紀』には多呉吉師《たごきし》という氏族が登場しています。ともに実像はよく分かりませんが、多胡（多呉）の氏名《うじな》を持ち、吉を「き」と読んだ吉師という姓を持っています。

いささか気になります。そこで古代文献の「吉」の用例を調べてみました。吉の本義での使われ方、「吉野」のように「よし」と読む例以上に「き」ないし「きち」と読む例が多いことがわかりましたが、「きち」と読むのは吉田連と人名の一部だけで、吉備、吉師・吉士も含めて「き」と読む例の大半が音仮名（「き甲類」）としての使用です。その場合は、組み合わされている他の漢字も音仮名として用いられています。

改めて『続日本紀』を見ると、吉井連と氏名《うじな》が同じ吉井宿禰という氏族と吉水連・吉水造という氏族の存在が浮かび上がります。次のように記されています。

宝亀八（七七七）年四月甲申　従五位上日置造《へきのみやつこ》蓑麻呂《みのまろ》ら八人に姓を賜うに栄井宿禰、従六位上日置造雄三成《おみなり》ら四人に鳥井宿禰、正八位下日置造飯麻呂《いいまろ》ら二人に吉井宿禰。

天応元（七八二）年九月癸亥　左京人正七位下善麻呂ら三人に姓を賜うに吉水連《むらじ》、従七位下善三野麻呂ら三人に吉水造《みやつこ》。

『新撰姓氏録』に日置造は高麗《こま》（＝高句麗）の伊利須意彌《いりすおみ(使主)》の後《すえ》とあります。『日本書紀』に伊梨珂須彌《いりかすみ》と記される高句麗の権臣・泉蓋蘇文《せん(淵)がいそぶん》に繋がる氏族伝承です。「珂須彌」は「蓋蘇文」の音訳ですが、「伊利《梨》」は泉または淵の高句麗語と考えられています。日置造が等しく「井」の字を氏の名に持つのは伊利＝泉または淵に根拠を持つと見てよいでしょう。つまり「井」は音仮名ではなく「井戸」の「井」と考えられますから、「さかえゐ《い》」「とりゐ《い》」「よしゐ《い》」です。

吉水連・吉水造となった善氏の「善」は、『新撰姓氏録』に「吉水連　前漢魏郡人蓋寛饒より出るなり」と書かれていることから「蓋」の誤字とされています。これまた泉蓋蘇文との関係が考えられます。「よしみず」と読むのが良いでしょう。

泰山鳴動の類かもしれませんが、これで漸く吉井連を「よしいのむらじ」と読む根拠を得られました。歴史的仮名遣いなら「よしゐ」でしょうが。逆に吉田連が『新撰姓氏録』に「きちだ」と読む理由を書いたのは理由があったのです。

コラム7　早くから知られ世界との交流を開いた多胡碑

山上碑・金井沢碑の確実な記録が江戸時代も後半の一七八〇年代と見られているのに対し、多胡碑の記録は遅くとも永正六（一五〇九）年の連歌師・宗長《そうちょう》の紀行文『東路《あづまぢ》の津《つ》登《と》』まで遡ります。戦国時代の真っただ中です。宗長は、連歌の会に参加した浜川並松別當という人物を「此別當 俗長野 姓石上也 並松　上野國多胡郡弁官府碑文銘曰　太政官二品穂積親王左大臣正二位石上尊　此文系圖有布留社あり」と、多胡碑の一部をそのままに引用して紹介しています。

以上は確実に遡りうる一例ですが、古くから多くの人々が強い関心を持って多胡碑と向き合ってきました。

特に注目されるのは、多胡碑に近い下仁田《しもにた》（群馬県甘楽郡下仁田町）の漢学者・高橋道斎《どうさい》（一七一八〜九四）と友人の書家・沢田東江《東郊》（一七三二〜九六）の研究と活動です。

二人は、拓本を採り、内外の文献等に当って考察を深め、その成果を『上毛《じょうもう》多胡郡碑帖』（一七五七）にまとめました。話は、そこで止まりませんでした。

東江は当代第一の篆刻家でした。宝暦十四（一七六四）年徳川家治《いえはる》の将軍職就任を祝う国書を携えて来日した朝鮮通信使への返書に家治の印章を彫る大役を与えられていました。

江戸時代、わが国は外国との関係を絶っていたように思われがちですが、琉球王朝、朝鮮王朝との間には「通信（信を通じる）」との関係があり、明や清、オランダとは「通商（商を通じる）」との関係を持っていました。

大役を終え、朝鮮通信使書記官たちとの懇親を深める中で、彼は多胡碑の拓本を持ち出し、筆談を始めます。

東江自身の記録で紹介しましょう。『傾蓋集《けいがいしゅう》』という書物です。

「傾蓋」とは、孔子が道で程子と出会って、車の蓋《きぬがさ》を傾けて立ち話をしたという『孔子家語《けご》』致思《ちし》の故事に基づく言葉です。初めての出会いで旧友のように親しくなることを意味します。朝鮮通信使と東江の関係にふさわしい言葉です。原文は漢文ですが、読み下しで紹介します。

宝暦十四年甲申二月韓使来聘、鱗《東江》、時に命を奉り御書宝《家治の印》を篆《ほ》る。事畢《をはる》矣。三月三日（中略）秋月（朝鮮通信使製述官・南玉）云ふ。恵《たまは》る所の古碑、奇崛賞すべし。珍荷万々《かずしれず》。東郊《東江》云ふ。上野国九峰山人《高橋道斎のこと》、名は克明、頗《すこぶ》る好古の士、此の碑本、即ち翻刻《採拓》する所は其《道斎のこと》の家なり。秋月云ふ。多胡碑、これを得るに甚だ奇なり。（中略）龍淵（朝鮮通信使書記・成大中）云ふ、多胡碑の字法、甚だ奇崛《奇抜にして優の意》、貴邦金石の宝と謂ふべし。

朝鮮通信使側の評価が事実であったことは、製述官・南玉

（秋月）が正式な使行日記『日観記』三月二日の条に「江戸に留まる。平鱗（＝東江）、多胡郡碑を送り致《とど》ける。すなわち日東《日本》千年の古筆なり。猶お古意有り」（原漢文）と記していることからもうかがい知ることができます。

半世紀の後、朝鮮から清国の都・燕京（北京）に派遣される国使・燕行使によって多胡碑拓本は清国に渡り、清国の金石学者の間で注目されるようになります。

日本を中華文明の外縁と思っていた朝鮮王朝・大清帝国にとって、千年も前に称賛に値する書が碑に刻まれ、それが存在し続けていたことは、まさに想定外のことでした。日本を文化の国として見直すようになります。そして新たな文化交流が生まれていきました。

その一幕が、清朝末期きっての書家で金石学者でもあった楊守敬《ようしゅけい》（一八三九〜一九一二）と、第二次群馬県初代県令楫取素彦《かとりもとひこ》（一八二九〜一九一二）との逸話です。

二〇一四年、山口県萩市と群馬県前橋市が復刻した『楫取素彦伝―耕堂　楫取男爵伝記』に次のように記されています。

本邦の最古碑たる多胡碑は、年久しくも荒草寒煙の間に埋没せられ、空く稀世《きせい》の国宝を湮滅《いんめつ》するの状況を目撃したれは、君の憂慮殆《ほとん》ど禁せさるものあり。仍て有志と謀り、爰《ここ》に碑亭を造りて、永久の保存を施したり。その頃、清国人楊守敬なる者あり、深く金石文を好み、多く古碑拓本を集む。自国に在るの日、既に日本多胡碑の名を聞き、渇望して已ます、偶々《たまたま》来朝に際し、君の邸を訪《と》ひ、談遂にこの事に及へり。君は直ちに同碑拓本を需《もと》めて彼れに恵贈せしかは、同人感喜して殆《ほとん》ど謝する所を知らす。後ち彼は右碑文中の文字を鉤勒《こうろく》して、その著楷法遡源《かいほうそげん》に登載し、広く天下に宣伝し、以て古雅精妙の義を激賞するに至れり。これ、全く君か斡旋の功と謂ふへし。

県令を辞した後も、楫取は、上野三碑の保存と顕彰が順調に進んでいるかを案じて、明治四十三（一九一〇）年吉井町長橳島《ぬでしま》福七郎に手紙を書きます。

手紙には一片の歌が添えられていました。

深草の宇《う》ちに埋連《うもれ》し石文《いしぶみ》の世《よ》耳《に》めつ羅《ら》るゝ時《とき》盤《は》来《き》尓《に》希《け》梨《り》

橳島は強く心揺すぶられます。大正五（一九一六）年、橳島らは、その歌を石に刻んで多胡碑覆屋の前に建てました。いままさに、その時が来つつあります。

このように、一八世紀以降、再び、東アジア世界の文化と平和の交流を生み出した点に、多胡碑の一つの価値があります。その価値は、いま一層の輝きと必要性を増しています。

金井沢《かないざわ》碑

建立　神亀三（七二六）年
所在　群馬県高崎市山名町《やまなまち》金井沢《かないざわ》
指定　国特別史跡（一九五四年）
形状　高一一五センチ・輝石安山岩自然石
アクセス　上信電鉄根小屋駅徒歩十五分

碑文を読み解く

民衆仏教定着の様相を垣間見る
知識を結んで天地に誓願した石文。

上野國羣馬郡下賛郷高田里
三家子□爲七世父母現在父母
現在侍家刀自他田君目頬刀自又兒加
那刀自孫物部君午足次馸刀自次乙馸
刀自合六口又知識所結人三家毛人
次知万呂鍛師礒マ君身麻呂合三口
如是知識結而天地誓願仕奉
石文
神龜三年丙寅二月廾九日

【読み】

上野國《かみつけののくに》羣（群）馬郡《くるまのこほり》下賛郷《しもさののさと》高田里《たかだのこざと》の三家《みやけ》子□、七世の父母、現在の父母の爲《ため》に、現在侍家刀自《いまありはべるやかとじ》（＝主婦）の他田君目頬刀自《おさだのきみめづらとじ》、児《こ》の加那刀自《かなとじ》、孫《まご》の物部君午足《もののべのきみうまたり》、次《つぎ》の（孫の）馸《ひづめ》刀自、（その）次の（孫の）乙《おと》■刀自と合《あは》せて六口《むたり》、また、知識《ちしき》に結べる人《ひと》、三家毛人《みやけのえみし》、次の知万呂《ちまろ》、鍛師《かぬち》の磯部君身麻呂《いそべのきみみまろ》の合せて三口《みたり》（を加え）、如是《かく》知識を結《むす》びて天地《あめつち》に誓願《こひちか》ひ仕《つか》へ奉《まつ》る石文《いしぶみ》。神亀《じんき》三（七二六）年丙寅《ひのえとら》二月廿九日

【金井沢碑のあらすじ】

上野国群馬郡下賛郷高田里の三家子□は、ご先祖様（七世の父母・現在の父母）のために、妻で家の全てを取り仕切る他田君目頬刀自、二人の子供である加那刀自、加那刀自が物部君某に嫁いで生んだ孫である物部君午足・馸刀自・乙馸刀自の兄妹を合わせた六人を中心に、同族の三家毛人・知万呂兄弟、金属に関わる匠の師である礒部君身麻呂の三人を参加させて、仏教に基づいて一族・地域の団結と行動を促す「知識」と呼ぶ団体を結んで生きていくことを天地に誓うことを神亀三（七二六）年二月二十九日、石文に記しました。

拓本（石碑の写し）から、マス目へ文字を拾って入れてみましょう。

	1	2	3	4	5	6	7	8	9	10	11	12	13	14	15	16
1				羣	馬											
2				□												
3							他	田	君		頬					加
4	那										馴	刀	自	次	乙	馴
5									所	結				毛	人	
6						師		マ								
7																
8																
9			龜													

左に拓本と碑面の写真を示します。

マス目に文字を拾って入れてみましょう。明らかに読めない文字、ほとんど読めなくなっていて諸説ある文字、国字と言って日本で作られた文字でしかも現在使われていない文字、普段お目にかからない字体の文字などは予め書きこんでみました。

それ以外でも、文字自体が小さく磨滅も一番進んでいますが、九行一一二文字の採字に挑戦してみて下さい。

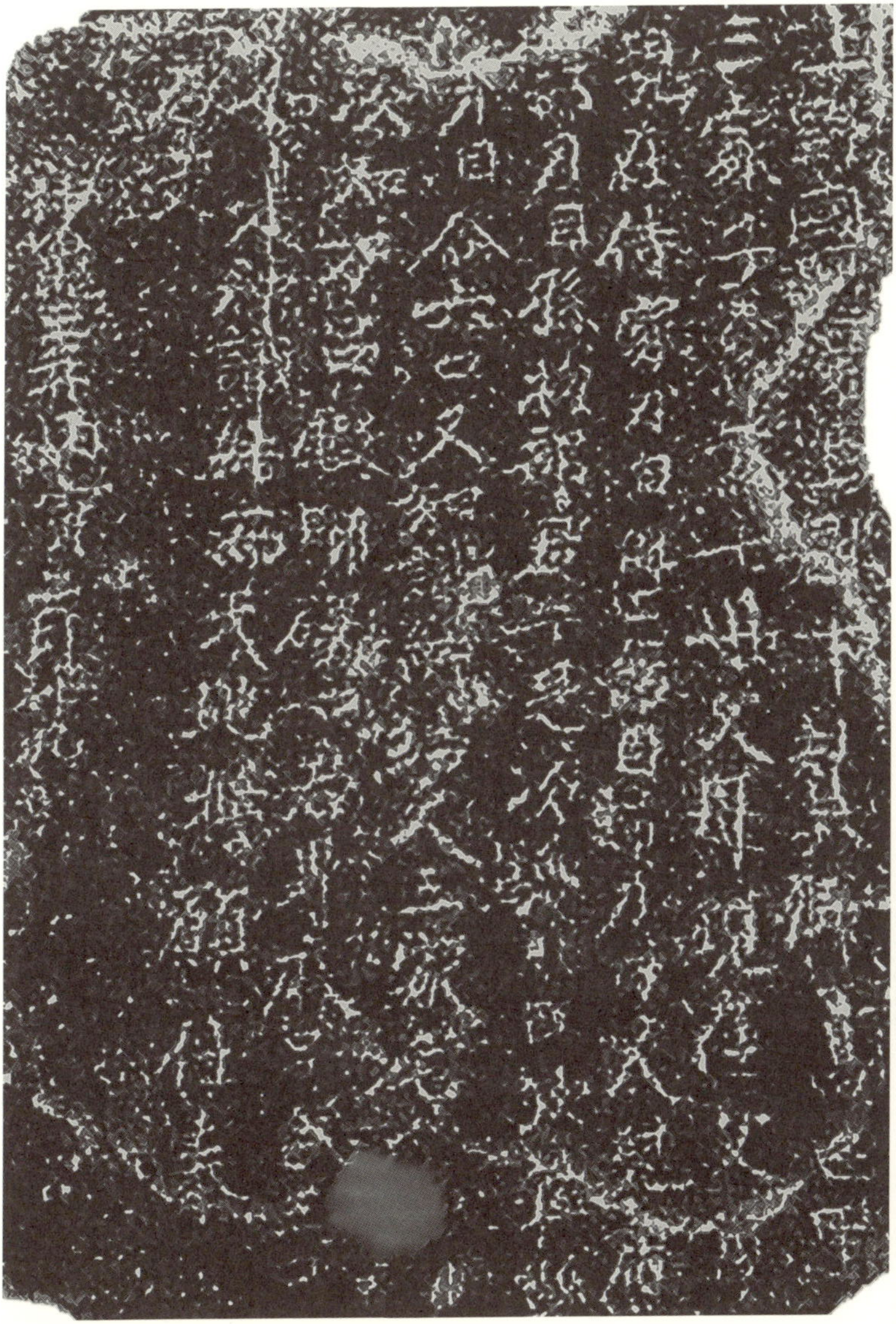

碑文を読む前に

上	野	國	羣	馬	郡	下	賛	郷	高	田	里				
三	家	子	□	爲	七	世	父	母	現	在	父	母			
現	在	侍	家	刀	自	他	田	君	目	頰	刀	自	又	兒	加
那	刀	自	孫	物	部	君	午	足	次	馹	刀	自	次	乙	馹
刀	自	合	六	口	又	知	識	所	結	人	三	家	毛	人	
次	知	万	呂	鍛	師	礒	マ	君	身	麻	呂	合	三	口	
如	是	知	識	結	而	天	地	誓	願	仕	奉				
石	文														
	神	龜	三	年	丙	寅	二	月	廿	九	日				

定説となっている採字は右の通りです。

普及しなかったため、どの辞書にも採用されていない国字「馹」と現在一般に使われている字体と大きく異なる「羣」「マ」「廿」以外は比較的簡単な文字が多いのですが、文字が小さく磨滅も進んでいるので採字は大変だったかもしれません。実際、□で囲んだ文字は読めなくなっています。

予め、文字の説明をしておきましょう。

一行目第四番目の「羣」は「群」の異なる字体ですが、『康熙字典』は「羣」を正字としています。

群馬県の紋章も「羣」です。

四行目の国字は馬偏に爪で「ひづめ」と読まれています。蹄よりも「ひづめ」らしい字ですが、残念ながら普及しませんでした。

六行目第八番目の文字は「マ」に見えますが、「部」という文字の略字体で「卩」とも書かれ、六世紀代の高句麗から使われ日本列島・朝鮮半島に広く普及しました。

最終行の下から三文字目の「卄」は「廿」の異なる字体で、二十のことですが、現在一般的な字体ではなく、漢字表でも出てきません。

第三行から第六行までは一連の文となっていますが、第一・第二・第七・第八・第九行は行替えの意図が感じられ、碑文全体の構造が次のように浮かび上がります。

第一行　碑文作者の戸籍ないし居地
第二行　碑文作者と碑文作成の対象
第三〜第六行　碑文作者に賛同・参加した者とその関係
第七行　碑文作成の目的
第八行　碑文としたことの確認
第九行　碑文作成の年月日

群馬県・紋章

一・二行目を読み解く—碑文作者の戸籍と碑文作成の対象

1	①上野國羣②馬郡下③賛郷高④田里
2	三家子□爲七世父母現在父母
3	現在侍家刀自他田君目頬刀自又兒加
4	那刀自孫物部君午足次馸刀自次乙馸
5	刀自合六口又知識所結人三家毛人
6	次知万呂鍛師礒マ君身麻呂合三口
7	如是知識結而天地誓願仕奉
8	石文
9	神龜三年丙寅二月　九日

▲読み▼

上野國《かみつけのくに》羣《くるまの》（群）馬郡《こほり》下賛郷《しもさののさと》高田里《たかだのこざと》の三家《みやけ》子□、七世父母、現在《いまある》父母の為に

▲書かれていること▼

戸籍（＝七世紀末には戸籍が造られ始めています）あるいは住所が上野國《かみつけのくに》羣《くるまの》（群）馬郡《こほり》下賛郷《しもさののさと》高田里《たかだのこざと》である三家《みやけ》子□（立碑の主役ですが残念ながら磨滅が激しく読めません）は、ご先祖様（＝七世の父母、現在の父母）のために、（三行目以降のことをなしたと記しています）

①上野國

多胡碑を読んでこられた方には「上野國」とすぐお分かりになったでしょう。

②羣馬郡

「羣」は先に説明をしましたが、「羣（群）馬」は、どう読んだらよいでしょうか。

「ぐんま」とお思いでしょうが、『和名類聚抄』は「久留末」とふりがなを振っています。七世紀末の藤原宮から出土した木簡には「上毛野國車評桃井里大贄鮎」と記されています。車と久留末、どちらも「くるま」と読めます。

『和名類聚抄』は一〇世紀前半ですから、間の金井沢碑も「くるま」の読みが良いでしょう。

藤原宮出土木簡の「上毛野國車評」が、金井沢碑で「上野國羣馬郡」へと変化していることは、大宝令の施行を正確に反映した証拠でもあります。

③下賛郷

次の二文字「下賛」は採字しやすかったと思います。続く文字は「郷」です。

しかし、『和名類聚抄』が群馬郡の郷として挙げている長野、井出、小野、八木、上郊、畦切、嶋名、群馬、桃井、有馬、利刈、駅家、白衣の一三郷の中に「下賛郷」はありません。

上郊郷の読みから「賛」を「さの」と読んで「しもさの」とする説が有力ですが、どこにあったのかは分かっていません。

④髙田里

最後の三文字「髙田里」は碑面ではっきりと採字できます。

注目したいのは「羣馬郡下賛郷髙田里」という表記、郡・郷・里という書き方です。

地方制度が何度も変更されてきたことは、多胡碑を読む中でも見てきました。評・五十戸から始まり、評・里となり、大宝令で郡・里となりましたが、郡・里という制度がまた変わります。

『出雲国風土記』は、霊亀元（七一五）年から郡・里制が郡・郷・里制になったと記しています。

『続日本紀』にはその記載がなく、『出雲国風土記』が残っていたことで初めて明確になった事実です。

しかし『続日本紀』や『和名類聚抄』などは全て郡・郷だけの表現です。いつ郡・郷制になったのでしょうか。

『続日本紀』には、そのことを明記する記事がありませんが、『国史大事典』は「政府は天平十一（七三九）年五月から七月にかけて出した一連の地方政治簡素化政策の一環として廃止を決定し、その年の末から翌年六月ころまでの間に、里と房戸を廃止して郷の組織だけを残す郷制に切り替えたのである」と書いています。

そう考えると、神亀三（七二六）年銘の金井沢碑が郡・郷・里の表現をとっていることは、金井沢碑の真正性を自ら明かすものとして、極めて貴重なことです。

一・二行目を読み解く―碑文作者の戸籍と碑文作成の対象

上野國羣馬郡下賛郷高田里
三⑤家子⑥□爲⑦七⑧世父母現⑨在父母
現在侍家刀自他田君目頰刀自又兒加
那刀自孫物部君午足次馸刀自次乙馸
刀自合六口又知識所結人三家毛人
次知万呂鍛師礒マ君身麻呂合三口
如是知識結而天地誓願仕奉
石文
神龜三年丙寅二月廿九日

⑤三家

第二行冒頭の二文字は明らかに「三家」です。山上碑との近接性から考えて、山上碑に見える「佐野三家」とつながる表現と見られます。

⑥子□

「子」は明白ですが、次の文字は碑面の凸凹と重なって全く読めません。碑を建てた人間の名前だけに読めないことは本当に残念です。

⑦爲

残された字画から「爲（為の旧字体）」と読むことに異論は出ていません。

⑧七世父母

「七世父母現在父母」と採字されます。

「七世父母現在父母」と繋がった例は他には見つかりませんが、「七世（父母）」は七世紀代の仏像銘によく出ています。一番古い例は法隆寺の戊子年銘釈迦三尊像の光背銘です。六二八年の作と見られ、「七世四恩六道四生」とあります。「七世四恩六道四生」で生きとし生ける全てのものを指します。

「七世父母」ずばりの表現は、根津美術館蔵の戊午年銘の阿弥陀像の光背銘に見られます。六五八年の作と見られています。

『日本書紀』斉明天皇五（六六〇）年七月条は「ななつぎのかぞいろは」と読んでいますが、『万葉集』などは全て「ちちはは」なので「ななつぎのちちはは」あるいは音で「しちせいのふぼ」でも良いでしょう。

⑨現在父母

「現在父母」の例としては、法隆寺献納宝物の甲寅年銘を持つ釈迦像光背銘（東京国立博物館蔵）が挙げられます。六五四年の作と見られ、「奉為現在父母（現在父母の奉為《おおんため》に）」という文言が記されています。

「現在」の読みとして、『万葉集』東歌の上野国歌に奥あるいは将来に対する語として「麻左香（可）」とあることから「まさか」と読む説が比較的有力ですが、「現有」を「いまある」と読む例が『日本書紀』天武天皇朱鳥元（六八六）年六月条に「現有師位《いまあるしゐの》僧等」とありますので「いまある」でも良いと見られます。

主役である「三家子□」の名が読めず残念ですが、

「上野國《かみつけののくに》 羣馬郡《くるまのこほり》 下賛郷《しもささのさ》 髙田里《たかだのこざと》の三家子《みやけ》□、七世父母《ななつきのちちはは(しちせいのふぼ)》・現在父母《いまあるちちはは(げんざいのふぼ)》の為に」

と読めます。

三行目以降に移りましょう。

三〜六行目を読み解く―碑文作者に賛同・参加した者とその関係

上	野	國	羣	馬	郡	下	賛	郷	高	田	里							
三	家	子	□	為	七	世	父	母	現	在	父	母						
現⑩	在	侍	家	刀	自	他⑪	田	君	目	頬	刀	自	又	兒	加			
那	刀	自	孫	物	部	君	午	足	次	𩦺	刀	自	次	乙	𩦺			
刀	自	合	六	口	又	知	識	所	結	人	三	家	毛	人				
次	知	万	呂	鍛	師	礒	マ	君	身	麻	呂	合	三	口				
如	是	知	識	結	而	天	地	誓	願	仕	奉							
石	文																	
	神	龜	三	年	丙	寅	二	月	廿	九	日							

▲読み▼

現在侍《いまありはべる》家刀自《やかとじ》の他田君目頬《おさだのきみめづら》刀自、又《また》、兒《こ》の加那刀自《かなとじ》、孫《まご》の物部君午足《もののべのきみうまたり》、次《つぎ》の（孫の）𩦺《ひづめ》刀自、次の（孫の）乙𩦺《おとひづめ》刀自と合《あは》せて六口《むたり》、又、知識《ちしき》に所結人《むすべるひと》、三家毛人《みやけのえみし》、次の（三家）知万呂《ちまろ》、鍛師《かぬち》の礒部君身麻呂《いそべのきみみまろ》の合せて三口《みたり》、

▲書かれていること▼

（三家子□は、ご先祖様のために）彼と、妻で家の全てを取り仕切る他田君目頬刀自、二人の子供である加那刀自、（加那刀自が物部君某に嫁いで生んだ）孫である物部君午足・𩦺

刀自、乙馸刀自の兄妹を合わせた六人を中心に、同族の三家毛人・知万呂兄弟、金属に関わる匠の師である鍛師・磯部君身麻呂の三人を参加させて…
（七行目の事を行うと決定したことが記されています）

⑩現在侍家刀自

第三行目の冒頭五文字は「現在侍家刀自」と拾われたと思います。

「現在」は二行目に例がありましたが、「侍」と合わせてどう読んだらよいでしょうか。

『続日本紀』天平元（七二九）年九月条の光明子を皇后とする宣命《せんみょう》（やまとことばでの詔勅）が、年代も近く参考になりそうです。「侍」を「はべる」と読み、「在」について、新日本古典文学全集は「続紀宣命中の『在』はアリと読むのが例」と注記しています。

「現在侍」は「いまありはべる」と読むのが当代の読み方としてよいようです。

このように、金井沢碑の文字の使い方は宣命とよく似ています。

「家刀自」は「やかとじ」とも「いへとじ」とも読めますが、山上碑・金井沢碑ともに「みやけ」を「三家」と書いていますから「やかとじ」と読んでおきたいと思います。

意味するところは妻で家を取り仕切る権限を持った主婦と見られます。

⑪他田君

「他田君」は摩滅が激しくほとんど読めない状態ですが、「他田君」と読む説が有力です。

傍証として、『万葉集』巻二十の上野国防人《さきもり》歌の作者名注記「他田部子磐前《おさだへのこいはさき》」と、正倉院に残された墨書銘が挙げられています。前者は碓氷《うすひ》の坂を越えて九州に赴いた防人の歌です。

〈原文〉　比奈久母理　宇須比乃佐可乎　古延志太尓　伊毛賀古比之久　和須良延奴加母

〈読み〉　ひなくもり　碓氷の坂を　越えしだに妹が恋ひしく　忘らえぬかも

生きては二度と会えないかもしれない切なさが心に沁みます。

後者の墨書には、天平勝宝四（七五二）年十月、上野国新田郡から黄色の絁《あしぎぬ》が宮中に送られた際、他田部君足人《おさだへのきみたるひと》なる人物が郡司として署名したことが書かれています。

こうしたことから、「他田部（君）」が上野国にいたことは確かですが、上野国には上毛野君の一族とみられる「池田君《いけだのきみ》」という優勢氏族がいた可能性も高く、検討の余地がありそうです。

三〜六行目を読み解く—碑文作者に賛同・参加した者とその関係

上野國羣馬郡下賛郷高田里
三家子□為七世父母現在父母
現在侍家刀自他田君目⑫頬刀自又⑬兒加
那刀自孫⑭物部君午足次⑮馬爪刀自次乙馬爪
刀自合⑯六口又知識所結人三家毛人
次知万呂鍛師礒マ君身麻呂合三口
如是知識結而天地誓願仕奉
石文
神龜三年丙寅二月廿九日

⑫目頬刀自

古代においては顔の上半分を「額（ぬか）」、下半分を「頬（つら）」と言いました。「目頬」で「めづら」という読みが『日本書紀』継体天皇二十四年十月条にあります。「刀自」は山上碑にも見られる女性敬称で、金井沢碑では五回も使われています。

⑬又兒 加那刀自

三行目から四行目にかけては「又兒加那刀自」と読まれていますが、三行目の「兒加」は読みにくい状況です。「又」は「また」で、碑文の書き方からすれば世代やグループを超えての繋がりを表すと見られます。「兒」は児の異なる字体で、山上碑は「兒」ですから、両方の字体が、おそらくは一族の中で使われていたことになり、興味が湧きます。「又、兒の加那刀自」でよいでしょう。三家子口と他田君目頬刀自の子と見られます。

⑭孫物部君 午足

次の四文字は比較的鮮明で「孫物部君」と採字されます。次の二文字は「午足」です。「足」の字は山上碑と共通ですし、多胡碑を読んで来られた方には「もののべのきみうまたり」と読めるでしょう。三碑が読みを補完しあってくれることはありがたいことです。上野三碑と総称できる一つの根拠です。

⑮次馹刀自 次乙馹刀自

十文字目は比較的鮮明で「次」です。『古事記』『日本書紀』などは全て「つぎ」と読まれています。「又」が世代やグループを超えた繋がりを示すのに対し、「次」は同一世代内の繋がりあるいは順序を示す文字として使われたと見られます。その下の文字が度々強調して来た国字馹(ひづめ)です。次の文字はほぼ読めませんが、「自」が続くので、「刀自」と推測されます。

女の子の名に「馹」とはと思われるでしょうが、馬は、軍事的にも産業的にも威信財としても当代最高の品物でした。高級車やブランド品の名前を付けるような感覚でしょう。

続く五文字は採字しにくい状況ですが「次乙馹刀自」と採字されています。「乙（おと）」と読むのは、兄弟・姉妹を「えひこ・おとひこ」「えひめ・おとひめ」と称しているからです。竜宮城の乙姫さまにもお姉さんがいたのかもしれません。

⑯合六口

「合六口」は拾いやすい文字で、人口と言うように、人の数を表します。「合せて六口《むたり》」です。目頬刀自から乙馹刀自まででは五人しかいません。立碑の主役たる三家口人が、これらの人々を合わせて計六人という書き方です。山上碑同様、行替えが生きています。

三～六行目を読み解く—碑文作者に賛同・参加した者とその関係

	1	2	3	4	5	6	7	8	9	10	11	12	13	14	15	16
1行目	上	野	國	羣	馬	郡	下	賛	郷	高	田	里				
2行目	三	家	子	□	為	七	世	父	母	現	在	父	母			
3行目	現	在	侍	家	刀	自	他	田	君	目	頬	刀	自	又	兒	加
4行目	那	刀	自	孫	物	部	君	午	足	次	馱	刀	自	次	乙	馱
5行目	刀	自	合	六	口	又⑰	知	識	所	結	人	三⑱	家	毛	人	
6行目	次	知	万	呂	鍛⑲	師	礒	マ	君	身	麻	呂	合	三	口	
7行目	如	是	知	識	結	而	天	地	誓	願	仕	奉				
8行目	石	文														
9行目		神	龜	三	年	丙	寅	二	月	廿	九	日				

⑰ 又知識所結人

「又知」に続く文字は、大きな窪みがあるので拾い難かったかもしれません。「識」です。次の字は「所」の当時の字体です。多賀城碑（七六二年）が同じ字体を使っています。続く文字は、第七行の四文字目と同じ字です。比較して考えると「結」と読めます。「所結」となります。次の文字は鮮明で「人」ですから「又知識所結人」となります。「知識」「所結」ともに金井沢碑の要の文字なので、後段で掘り下げたいと思いますが、読みとしては「又、知識を結べる人」でよいでしょう。

⑱三家毛人 次知万呂

「三家」はたやすく採字されたと思います。

立碑者である三家子□の同族と見られます。

続く文字は毛とも尾とも見えますが、碑面と拓本を比較すると「毛」です。第五行最後の文字は窪みが重なっていますが「人」で良いでしょう。続けて拾うと「三家毛人」です。「三家子□」の弟でしょう。

「毛人」の名を負う人物としては、小野妹子の息子で六七七年になくなった小野毛人、また太宰府長官や造東大寺司長官を歴任した佐伯宿禰今毛人（七一九～七九〇）などがいます。二人とも「えみし」と読まれています。小野毛人は国宝の墓誌を残しています。

続く「次知万呂」は「次《つぎ》の（三家）知万呂《ちまろ》」と読めます。下の弟でしょう。

⑲鍛師礒マ君 身麻呂

五字目は拓本ではよく分かりませんが、碑面では「鍛」です。

六字目の旁は明らかに「帀」なので「師」と採字されています。「鍛師」となります。

『日本書紀』天武天皇十年十二月条に「田中臣鍛師」という人物が登場し「かぬち」と読まれています。

職員令鍛冶司条に、鍛は「銅鉄雑器の属を造作する」技術者で、鍛冶とも書かれます。

師とあるので頭（かしら）あるいは指導者的存在でしょうか。次の文字は石偏に「義」で「礒」です。

続く文字「マ」は、先に説明したように「部」の略字ですから「礒部」になります。

礒部の名は、高崎市の西隣の安中市に名を残しています。有名な礒部温泉の場所です。

続く文字は鮮明で、全体で「礒部君身麻呂」となります。

七～九行目を読み解く―碑文作成の目的・確認・年月日

1	上	野	國	羣	馬	郡	下	賛	郷	高	田	里					
2	三	家	子	□	爲	七	世	父	母	現	在	父	母				
3	現	在	侍	家	刀	自	他	田	君	目	頬	刀	自	又	兒	加	
4	那	刀	自	孫	物	部	君	午	足	次	駟	刀	自	次	乙	駟	
5	刀	自	合	六	口	又	知	識	所	結	人	三	家	毛	人		
6	次	知	万	呂	鍛	師	礒	マ	君	身	麻	呂	合	三	口		
7	如⑳	是	知㉑	識	結	而	天㉒	地	誓㉓	願	仕㉔	奉					
8	石㉕	文															
9		神㉖	亀	三	年	丙	寅	二	月	廿	九	日					

■読み

如是《かく》知識を結而《むすびて》、天地《あめつち》に誓願《こひちか》ひ仕《つか》へ奉《まつ》る

石文《いしぶみ（いしにしるす）》

神亀《じんき》三年丙寅《ひのえとら》二月廿《(廿)》九日

■書かれていること

（三家子□は、嫡系六人と関係者三人によって、ご先祖様のために、仏教により一族、地域の団結と行動を促す）知識と呼ぶ団体を結んで生きていくことを天地《あめつち》に誓うことを神亀三（七二六）年の二月二十九日、石文《いしぶみ》に記しました。

⑳如是

「如是」は『続日本紀』に一六例ありますが、一一例は宣命の中です。全て「かく」です。『万葉集』の読みも全て「かく」です。

仏教経典冒頭の常套語である「如是我聞」借用の可能性が高いと思われますが、日本語「かく」を書き表す用字として早く定着したと見られます。

㉑知識結而

「而」も『続日本紀』の宣命の中によく見られます。「しかして」という漢文構文の意味から生まれた漢字使用で、接続助詞「て」を表す文字として定着していきます。

㉒天地

「天地」は『続日本紀』に五三例ありますが、三〇例が宣命の中です。「あめつち」と読まれています。しかし、どうも仏教概念ではないようです。

㉓誓願

「誓願」は、戊子（六二八）年銘の釈迦三尊像造像銘をはじめ仏教関係にはよく見られますが、『古事記』『万葉集』には一例もありません。

『日本書紀』は推古天皇条と天武天皇条に計六例あるのみで、全て「こひちかふ」と読まれ、仏教信仰に繋がっています。『続日本紀』の用例も一例のみで、和銅二年二月条の筑紫観世音寺関係の記載だけです。「天地」とは対照的に明らかに仏教に基づく用語です。

㉔仕奉

「仕奉」は『続日本紀』に一〇〇例ありますが、九八例つまりほぼ全てが宣命の中で、「つかへまつる」と読まれています。

㉕石文

第八行は「石文」の二字だけです。「いしぶみ」と読まれていますが、統一直後の新羅の癸酉（六七三）年銘の三尊千仏碑像銘などを参考とすると「いしにしるす」の可能性もあります。

㉖神龜三年 丙寅

第九行つまり最終行は、この碑文が何時書かれたかを示しています。冒頭が一字下がっています。今なら段落替えの表現でしょうが、一字文字がありません。空格と言います。これに意味があるのかないのか判断がつきかねますが、聖武天皇治世下の神龜（亀）三年は七二六年に当ります。干支は確かに丙寅です。

七〜九行目を読み解く―碑文作成の目的・確認・年月日

上野國羣馬郡下賛郷高田里
三家子□爲七世父母現在父母
現在侍家刀自他田君目頬刀自又兒加
那刀自孫物部君午足次馸刀自次乙馸
刀自合六口又知識所結人三家毛人
次知万呂鍛師礒マ君身麻呂合三口
如是知識結而天地誓願仕奉
石文
神龜三年丙寅二㉗月廿九日

㉗二月廿九日
「廿」は、先に説明したように「廿」です。二月二十九日となりますが、閏年ではありません。二月が二八日か二九日になったのは明治六（一八七三）年のグレゴリウス暦採用の結果です。それ以前は、どの月も三〇日（大の月）か二九日（小の月）でした。神亀三年の二月は小の月でした。金井沢碑が書かれた日は二月の末日だったことが分かります。

全体を見通せば、三家□が一族・地域を「知識」として組織していく決意が見取れます。そこで核心となる「知識」について、次頁から検討をしてみましょう。

金井沢碑の核心「知識」に迫ってみましょう

大仏建立にみる「知識」

碑文の要である「知識結」に入っていきましょう。

『国史大事典』は、知識を「仏像や堂塔などの造立に、金品を寄進して助けること。その事業に協力すること。また、その人や、その金品」と解説しています。

これだけ読むと、非常に一般的であったと考えがちですが、『日本書紀』『古事記』『万葉集』には用例がありません。

『続日本紀』も「知識」七例、「智識」七例のみです。しかも用例が偏っています。「智識」七例は全て「智識寺」という特定の寺を指しています。

「知識」も、天平十五（七四三）年十月の有名な大仏造立の詔の中での二例と大仏造立への知識物献上三例、そして各地の国分寺への知識物献上二例だけです。

大仏造立の詔を引用してみましょう。声を出して読まれると、言わんとするところがより分かってきます。読みは古訓に従い、読みやすいように行替えをしてあります。

……粤《ここ》に天平十五年歳癸未次《ほしはやどるみずのとみ》十月十五日を以《もち》て菩薩大願《ぼさつのたいがん》を発《おこ》して盧舎那仏《るしゃなぶつ》の金銅像一躯《く》を造り奉《まつ》る。国の銅《あかがね》を尽して象《かたち》を鎔《い》、大山を削りて堂を構へ、広く法界に及《およぼ》して朕知識《わがちしき》とす。

遂に同じく利益《りやく》を蒙《かがふ》りて共に菩提《ぼだい》を致《いた》さしむ。夫《そ》れ、天下《あめのした》の富を有《たも》つ者は朕《われ》なり。天下の勢《いきおい》を有つ者は朕なり。この富と勢とを以てこの尊《たふと》き像を造らむ。

……是の故に知識《ちしき》に預かる者は懇《ねむごろ》に至《いた》れる誠《まこと》を発《おこ》し、各介《おのおのおほき》なる福《さきはひ》を招きて、日毎《ごと》に三たび盧舎那仏を拝《おろが》むべし。自ら念《おもひ》を存《そん》して各盧舎那仏を造るべし。……

聖武天皇発願の大仏造立に参加することを「朕《わが》知識《ちしき》と為す」「知識《ちしき》に預かる」と表現しています。仏教的なある目的のために人々を結集することを「知識《ちしき》」と呼んでいることは確かです。古訓から「ちしき」と音読すれば良いことも分かります。上野三碑の解説書などで「ほとけ」と読んでいるものも見かけますが、同時代の宣命の古訓に従い「ちしき」と読む方がよいでしょう。

その呼びかけに応えて寄せられる物品を知識物と呼んでいたことも『続日本紀』の記載から分かります。各国に建立が命じられた国分寺に関しても、『続日本紀』天平勝宝元（七四九）年条に上野・尾張・伊予・飛騨の四つの国の国分寺への知識物献上が二か所にわたって出てきますが、両条ともに上野国分寺が登場しています。五例のうちの二例です。

上野国が圧倒的に多いことは事実です。東大寺大仏造立や国分寺建立における「知識」と金井沢碑の「知識」とには隔たりもあるでしょうが、上野国での仏教の定着・普及が早かった傍証にはなると見られます。

その他の資料に見られる「知識」

仏様の光背銘や写経の奥書《おくがき》などでは例が多く、金井沢碑ともつながる内実がみられます。

第一の例は六二三年と見られる癸未年銘の法隆寺金堂釈迦像光背銘ですが、この知識は講のような集団ではなく、（善）知識の元々の意味、仏教信者を指すと見られます。

第二の例は現存する最古の写経の一つである金剛場陀羅尼経《こんごうじょうだらにきょう》奥書（六八六年）です。寶林という僧に率いられた川内國志貴評《かわちのくにしきのこおり》の内の知識が七世父母・一切衆生のために金剛場陀羅尼経を写したと書かれています。類似の例は、他の経文や仏教理論書の書写にいくつか見つかっています。

第三の例は史跡土塔《どとう》（大阪府堺市中区土塔町《どとうちょう》）発掘調査で発見された銘文瓦です。次のようにヘラ書きされています。

凵遺諸同知識尓入冂
八月卅日

全文が判明していませんが、土塔は、行基《ぎょうき》（六六八～七四九）の元に集まり行基に率いられた多数の人々によって神亀四（七二七）年に作られたことが分かっています。神亀四年は金井沢碑建立の翌年です。日本の東西でほぼ同時期に知識が組織されたことは興味深い事実です。

第四の例は平安時代初めの成立と見られる仏教説話集『日本国現報善悪霊異記《にほんこくげんほうぜんあくりょういき》』（『日本霊異記』）です。全一一六話のうちの七話に「知識」が登場します。その形はほぼ決まっています。僧や国司が「知識を率引《そちいん》して」と書かれています。地域の人々を善知識（仏教信者）としてまとめて行動を起こすことが「知識を率引」の内容です。

金井沢碑の知識―仏教による一族・地域の結集を宣言

こう考えると、金井沢碑の「知識結而」は、規模はともかく、一族や地域の人々を善知識（仏教信者）としてまとめて行動を起こすことであることがはっきりします。

そんなことは初めから分かっていると思われるかもしれませんが、七世父母・現在父母の供養だけなら「知識」という形での組織化が必要でしょうか。もう一歩前に進んだ思いが感じられます。

金井沢碑は、特定の家を核とするとはいえ、信仰を行動の礎に据えて人々を組織するまでに外来の思想である仏教を地域に定着させた宣言です。これが金井沢碑の要点でしょう。

「知識所結」をどう読むか

知識に関わる次の問いは、「知識所結」という表現をどう読むかです。

「所結」を「結んでいるところの」と読んで、三家子□らが知識を結ぶ前に、三家毛人たちは知識を結んでいたとする考え方もあるからです。

その是非を考えるには「所結」という用例を検討するのが本筋でしょうが、「所結」という用例は『日本書紀』にも『続日本紀』にも『古事記』にも『万葉集』にもありません。管見の範囲では仏様の光背銘などにも見当たりません。

一方で「所」用例全体をインターネット検索してみると、『古事記』二二三例、『日本書紀』六九九例、『続日本紀』七九五例、『万葉集』四二一例、計二一三八例と、膨大な数になります。（編集部註：二〇一六年一月現在）この中から「所結」に連なる「所＋動詞」という文字の使い方を拾い出すのはなかなか大変です。検索の絞り込みが必要になります。

指針となるのは、金井沢碑が読ませることを前提とした日本語の碑で、漢文構文を効果的に使っていることと、「如是」「天地」「而」「仕奉」など宣命で常套化された文言が使われていることです。

その二点を指針として対象を絞っていくと、二つの史料が浮上します。読ませることを意識した『万葉集』の文字の選択と『続日本紀』の中の宣命です。

『万葉集』にある「所」の用例が導きの糸

『万葉集』にある「所」の用例には特色があります。全四二一一例のうち「所見」一一五、「所念」または「所思」一〇二、「所知」三五、「所聞」二五で二八七となり七割に達します。「所結」に繋がる「所＋動詞」が七割にも達するということです。ここに焦点をおけば「所結」の見通しがつきそうです。

一つの歌の中で「ある動詞」と「所＋ある動詞」とが一緒に使われていて、その違いが鮮明になる歌が検討の対象となります。有名な歌でぴったりのものがあります。巻一の軽皇子《かるのみこ》、安騎野《あきの》に宿す時、柿本朝臣人麻呂作歌《かきのもとのあそみひとまろのつくるうた》の四首の短歌の中の一つです。

東《ひむがしの》　野炎《のにかぎろひの》　立所見而《たつみえて》　反見為者《かへりみすれば》　月西渡《つきかたぶきぬ》

文字を眺めているだけで光景が浮き上がってくる本当に素晴らしい歌ですが、「所見」は「みえ」

と読み、「見」は「み」と読んでいます。「所見」は自ずと見えている、「見」は主体的意識的に見ているという違いが伝わってきます。

ただ、この歌の訓みはあくまでも賀茂真淵《かものまぶち》の訓みでそれ以前の訓みは違うという説もありますので、慎重に考えれば、この違いを他の歌で検証していく必要があります。

ややこしく手間のかかることですが、同じ巻一の慶雲三（七〇六）年丙午《ひのえうま》、難波宮《なにはのみや》に幸《みゆき》す時、志貴皇子《しきのみこの》御作歌《みうた》で確認してみましょう。

芦邊行《あしべいく》　鴨之羽我比尓《かものはがひに》　霜零而《しもふりて》　寒暮夕《さむきゆうべは》　倭之所念《やまとしおもほゆ》

温度や湿度、日暮れの色調が直接伝わる文字の選択ですが、「念」ではなく「所念」とあります。「おもふ」ではなく「おもほゆ」と読まれています。意識的能動的に「念ふ」のではなく、受動的に自ずと湧いてくる「念ふ」という感じが伝わってきます。先の歌の「所見」と同じです。

もう一例挙げておきましょう。大伴宿禰家持の歌です。

更《さらに》大伴宿禰家持贈二坂上大嬢《さかのうへのおほいらつめ》一歌十五首（の最初の一首）

如是許《かくばかり》　面影耳《おもかげにのみ》　所念者《おもほえば》　如何将為《いかにかもせむ》　人目繁而《ひとめしげくて》

「所念《おもほゆ》」という表現にはふつふつと沸き上がる切ない思いがひしひしと伝わってきます。

『万葉集』全体では、「所見」は「みゆ（みる＋ゆ）」、「所念」「所思」は「おもほゆ（おもふ＋ゆ）」、「所聞」は「きこゆ（きく＋ゆ）」、「所知」は「しらす」の読みがほとんどです。

「所知（しらす）」は尊敬、とくに天皇の統治行為に関わっての用字ですが、他は自発・受動・可能の助動詞「ゆ」を表す表現と見られます。

「見る」に対する「見ゆ」、「念（思）ふ」に対する「念（思）ほゆ」、「聞く」に対する「聞こゆ」の表現として「所見」、「所念（思）」、「所聞」が生み出されたと言えましょう。

一方、『続日本紀』では「所念」五四例、「所知」三三例、「所思」二〇例、「所見」六例、「所聞」四例の計一一六例のうち、八割の九二例が宣命の中です。とくに「所念」「所聞」は全て宣命の中での使用です。読みもほぼ一定で「所念」「所思」は「おもほす」、「所聞」は「きこす」あるいは「きこしめす」、「所見」は「みそなはす」、「所知」は「しらす」あるいは「しらしめす」です。全て天皇が何々をなさるという表現です。宣命の中の言葉ですから、確かにそうでしょう。

当然のことながら、金井沢碑の主語、書いた人は天皇ではありません。『続日本紀』の宣命用例よりも、『万葉集』での用例がふさわしいと見てよいでしょう。

「知識所結」は従属的な表現

したがって、「所結」は、「結ぶ」に対する「結ぶ＋ゆ」、「結ぼゆ」と読むのが最もふさわしいでしょう。ただ、「ゆ」は比較的早く「える」に変わっていきますので、読み継ぐことを考えれば「結べる」で良いでしょう。意味としては、ある主体的行動に従属的に結ばれていくと理解されます。

そう考えれば、金井沢碑の二つの「知識」の関係が合理的に解釈できます。

三家子□ら嫡系親族が「知識《ちしき》を結而《むすびて》」の主体であり、「知識《ちしき》に所結人《むすべるひと》」である三家毛人らは従属的存在となります。

強い嫡系意識　知識を結んだ人々の関係

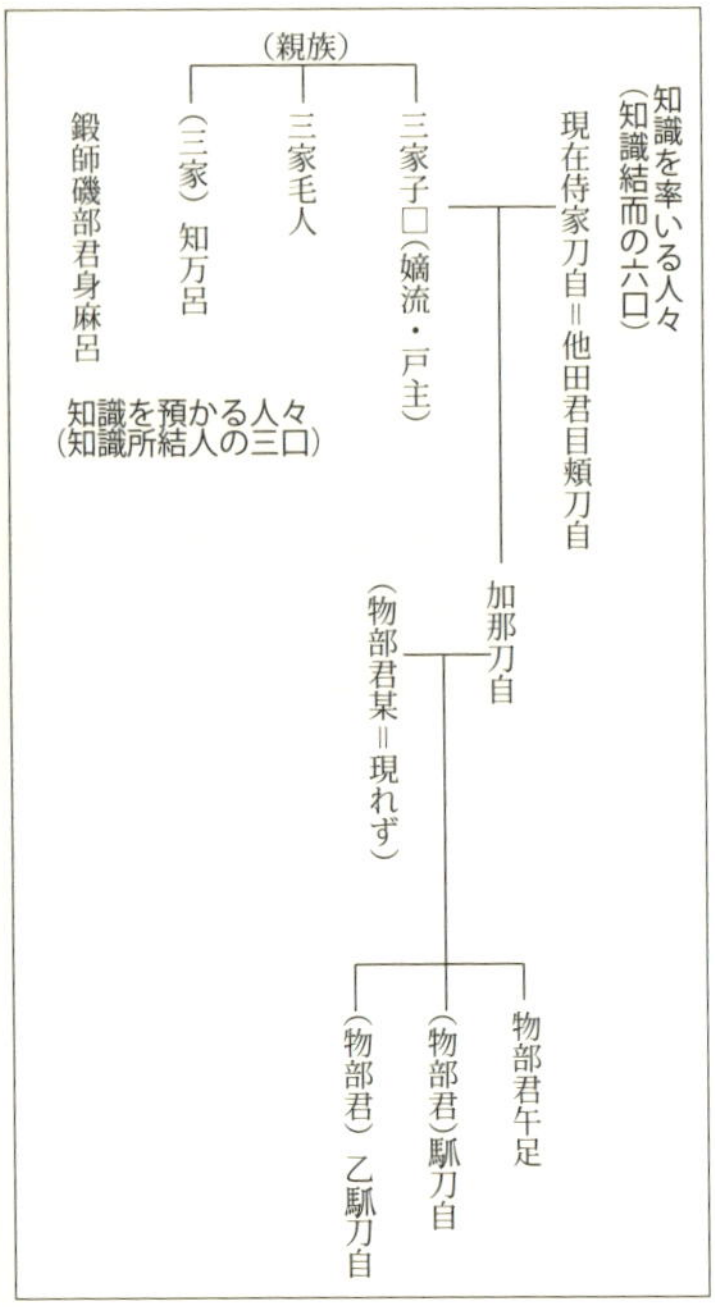

三家子□ら嫡系親族は、知識を率いる人々、三家毛人らは、知識に預かる人々と言えば分かりやすいでしょう。

図示すれば、上のようになります。

子供の氏姓《うじかばね》は基本的に父親の氏姓を受け継ぎます。しかも今日の中国や韓国のように、結婚しても女性の氏姓は変わりません。ですから、目頬刀自は他田君のままです。

その目頬刀自と三家子□の児である加那刀自は、氏姓が表現されていませんが、正しくは三家加那刀自です。しかし加那刀自の児、つまり三家子□と目頬刀自の孫は物部君午足・馸刀自・乙馸刀自とありますので、加那刀自は、物部君某と結婚して、午足以下三人を生んだと見られます。馸刀自・乙馸刀自の氏姓は、午足と同じ物部君です。

注目したいのは物部君某の存在が全く見えないことです。彼は、三家氏の祖先供養からは排除されているのでしょうか。単に亡くなっているだけかもしれませんが、気になります。

一方で三家子□の親族と見られる三家毛人・知万呂は知識に参加しています。毛人・知万呂の書き方から兄弟と見られます。三家子□とも兄弟でしょう。そして、なぜか鍛師礒部君身麻呂という人物が加わっています。その理由は分かりませんが、嫡系の意識が非常に強いことが分かります。

三家氏ではない他田君目頬刀自が中核的存在として参加しているのは、「現在侍家刀自」つまり家を取り仕切る主婦だからでしょう。「かかあ天下」の原像のような人物です。

ここまで進んだ金井沢碑の表現

この関係を表記の上で鮮明に表現できるまでに、漢字・漢文を日本語を書く文字・文体へとかえていく営みが成熟した様子が伺えます。しかも、ひとり金井沢碑だけでなく、万葉の歌人をはじめとする日本列島に暮らす多くの人々が共有するまでになっていました。

金井沢碑は「知識結」の確実な宣言であるとともに、知識の構造を的確に表現できるまでに漢字・漢文を日本語を書き表す文字の体系に作りかえた宣言でもあります。これも金井沢碑文の特徴です。

知識を結んだ人々

知識を結んだ三家《みやけ》、他田君《おさだのきみ》、物部君《もののべのきみ》、礒部君《いそべのきみ》とはどのような氏族なのでしょうか。

①三家

三家は山上碑の佐野三家《さののみやけ》と見る見方が有力です。

山上碑・金井沢碑ともに山部里《やまべのさと》（山名郷）に建てられています。佐野は高崎市佐野地区が遺称地と見られますから、佐野三家は烏川を挟んだ高崎市南西部を基盤としていたと推定されます。佐野子□の居地と記される群馬郡が烏川と利根川に挟まれた地域であることとも符合します。

氏族や三家（屯倉）の実態に迫る情報はあまりありませんが、多胡碑と『続日本紀』の記載から、山部里はもともと片岡郡であったことが便りとなります。

片岡郡は烏川右岸一体です。佐野の名が群馬郡と考えられる烏川左岸に残っていることを考えると、佐野三家は烏川に関わる開発拠点の役職だった可能性が考えられます。多胡郡域などで作り出される最先端の技術品を都などに運ぶ、舟運・物流拠点の管理者ではなかったでしょうか。

歌枕になるほど有名だった佐野の舟橋も、その視点で見直すと、いっそうの趣が感じられます。

②他田君

他田君《おさだのきみ》については不明なことばかりですが、傍証として挙げた正倉院宝物の絁《あしぎぬ（ふときぬ）》の墨書から上野国新田《にふた（にひた）》郡には他田部君《おさだべのきみ》という氏族がいたことが知られています。新田郡は今日の太田市と重なります。

③物部君・儀部君

物部君《もののべのきみ》・儀部君《いそべのきみ》は、『続日本紀』の記載から甘楽郡での存在が確認されます。甘楽郡は多胡郡の西隣で多胡郡の大半の地域は甘楽郡に属していました。

とくに注目したいのは鍛師と記される儀部君ですが、残念ながら、実態はよく分かりません。「鍛師」という表現も、金井沢碑以外では『日本書紀』天武天皇十年条に田中臣鍛師《おみかぬち》という名前が見えるだけです。「韓鐵師」という表現が『続日本紀』神護景雲二年条に見えていますが、繋がりがあるのかは全く不明です。

「鍛」という文字の史料出現も少なく、「かぬち」としての用例は『古事記』天石屋戸《あめのいはやと》の章の「鍛人天津麻羅《かぬちあまつまら》」、『日本書紀』綏靖《すいぜい》天皇即位前紀の「倭鍛部天津真浦《やまとのかぬちあまつまら》」、垂仁《すいにん》天皇三十九年条一云《あるにいふ》の「鍛《かぬち》、名は河上《かはかみ》」くらいです。しかし、それらの記載から鍛《かぬち》が神器である鏡や剣の製作者であることが推測されます。現に鍛冶司《かぬちのつかさ》は宮内省に属していました。

物部と武器の生産・管理には関わりが深いので、儀部・物部が甘楽郡に多いことは、物部氏の祖先神・経津主《ふつぬし》神あるいは霊剣・布都魂《ふつのみたま》神を祀る貫前《ぬきさき》神社（富岡市一ノ宮）との関係を想わせます。

東面				北面				西面				南面			
霊	含	生	衆	母	父	祇	神	庭	朝④	為	奉③	坐②	経	法	如①
日	十七	月		七	年	廿		暦	延⑨	輪		道	師	少⑧	
岸	彼	登	令	楽	安	得	永⑦	生	衆	苦	受	間	无⑥	■⑤	為

第四の碑・山上《やまがみ》多重塔

金井沢碑から七五年、山上碑に名を残した新川臣に連なると見られる桐生市新里町《にいさとちょう》の一角に「山上多重塔《やまがみたじゅうとう》」と呼ばれる三層四面の石塔が建てられます。

こちらは「やまがみ」と読みます。

上に示したように、各面に上層四文字・中層三文字・下層四文字が、南面・西面・北面・東面の順に右回りに刻まれています。

上層・中層・下層の順に読むことができます。定説は次の通りです。

【上層】

《原文》　如法経坐奉為朝庭神祇父母衆生含霊

《読み》　如法経《にょほうきょう》坐《おはしま》す。朝庭・神祇・父母・衆生・含霊の奉為《おおんため》に

《書かれていること》　生きとし生きるもの全てのために、如法経を納めました。

①如法経

特別な宗教的条件を整え、定められた方式に従い、敬虔な気持ちで書写した経を指します。法華経の場合が多いとされます。山上多重塔の塔心部に穿たれた穴は法華経八巻を納めるのに適した大きさだと言われています。

②坐

「おる」の敬語表現「おはす・おはします」は「御座す」と書かれますから、尊き経を納めるという意味で「坐」一字を「おはします」と読んでおきましょう。

③奉為

「奉為」は、六五四年の作と見られる法隆寺献納宝物の釈迦像の光背銘の「奉為現在父母」から使われている常套句です。

④朝庭神祇父母衆生含霊

朝庭（＝国家・国王）に続いて神祇とある点が日本らしくて興味深いところですが、朝庭（廷）・神祇・父母・衆生・含霊（＝生きとし生きるもの全て）のために如法経を納めましたという意味が記されています。

【中層】

《原文》　少師道輪延暦廿年七月十七日

《読み》　少師道輪《どうりん》　延暦二十（八〇一）年七月十七日

《書かれていること》　この塔は、上層・下層の内容を込めて、道輪という僧が延暦二十（八〇一）年七月十七日に建てたものである。

⑧少師道輪

「少師」は議論がありますが、道輪という僧のへりくだった自称と思われます。

⑨延暦廿年七月十七日

延暦廿年は八〇一年にあたります。都は平安京へと移り、この年二月節刀を授けられた征夷大将軍坂上大宿禰田村麻呂《さかのうえのおほすくねたむらまろ》が対蝦夷戦に奮戦していた時です。しかし、この時代の実録である『日本後紀《にほんこうき》』の前後の巻（巻九・十・十一。延暦十九〜二十二年）は一括して失われています。一部が『日本紀略』という書物に採録されているばかりです。特に延暦二十年の条は三百字ほどです。本当に僅かしか残っていません。同時代史料がまことに手薄です。

それだけに、山上多重塔は極めて重要な同時代史料です。上野第四の碑という意味は第四番目というだけではありません。同時代史料としての希少性・貴重性のためです。

十七を「十七」と一文字に書いていますが、こうした工夫と言うか一種の意匠化は朝鮮半島でも行われていて、大舎という位を「大舎」と一文字で書く例などが見られます。

【下層】

《原文》　爲■无間受苦衆生永得安楽令登彼岸

《読み》　无間《むげん》に苦を受く衆生を■（＝癒し？）、永く安楽を得て彼岸に登ら令《し》む為に

《書かれていること》　現世で苦しみに喘ぐ人々の救済と安楽の来世を願って

⑤■

摩滅が激しく読みにくくなっていますが、続く文と重ねて見ると、「救う」「癒す」などの意味を持つ文字が予想されます。「癒」を候補として挙げておきましょう。

⑥无間受苦衆生

「无間」は「無間」と書かれる場合が多く、「無間地獄」のことです。地獄の中の地獄と言われ、地獄の一番深い所にあるとされています。大罪を犯した者が落ちる地獄で、間断なく責苦を受け続けることから「無間」と書かれます。現世の過酷さを象徴する文言として使い、現世での苦しみに喘ぐ衆生（＝人々）の様を表していると見て良いでしょう。

⑦永得安楽令登彼岸

「永く安楽を得て彼岸に登らしむ」は、普く衆生の成仏に携わらんとする意志の表明です。前段の現世での救済への意志に対する仏者らしい練られた対句です。

経塔の誕生

石塔という形での表明は、造像銘や石碑に比べて、いっそう積極的なものと言えるでしょう。経の書写を重視し、塔への納経が行われたと見られることも注目されます。経塔の成立です。竹野王多重塔が先駆例ですが、宇智川磨崖碑（宝亀□年）も経文を彫っています。

塔と言うと釈迦の遺骨とされる舎利を納める舎利塔（stupa《ストゥーパ》）と考えがちですが、経塔（caitya《チャイトヤ》）という形が登場してきた意味は大きいと見られます。

特に法華経は「まさに一心に受持《じゅじ》・読《どく》・誦《じゅ》・解説《げせつ》・書写《しょしゃ》して、説の如く修行すべし」（如来神力品《にょらいじんりきぼん》）と記し、法華経そのものの写経・納経を強く求めています。

一九八九年に遷化された僧侶で仏教学者の田村芳朗博士は、中公新書『法華経』の中でインドにおける法華経と経塔の成立に関して特に写経を重視するようになる西暦一〇〇年頃から菩薩行も強調されると指摘され、経塔の重視は「大乗菩薩行の真精神を確立しようとした結果の産物」であり、菩薩行と写経・経塔建立を重視する法華経作者の属する社会は「商業生産を主とする社会」が想定されると書かれています。

時代差は大きいものの、金井沢碑から山上多重塔へ至る流れと符合しているように思われます。

知識の菩薩・道忠禅師

山上多重塔が建てられる、その前後、東国では菩薩行の大きなうねりが立ち現れてきます。

延暦十六（七九七）年、日本仏教の大成者のひとり最澄（七六七〜八二二）は、比叡山上に一切経《いっさいきょう》つまり全ての経を備えようと決意します。

およそ五千巻に及びます。売っているわけではありません。一字一字写していかなければなりません。一人では到底達成できません。近くにも協力者がいましたが、最大の協力者は東国にいました。道忠《どうちゅう》という僧侶です。

最澄の伝記『叡山大師伝《えいざんだいしでん》』は書いています。

> 東国化主《けしゅ》道忠禅師といふ者あり。是は此れ大唐鑑真和上《がんじんわじょう》持戒第一の弟子なり。伝法利生《でんぽうりしょう》、常に自ら事と為す。遠志に知識し大小経律論二千余巻を助写す。……今、叡山の蔵に安置せしは斯れ其の経なり。（原漢文）

『続日本後紀《しょくにほんこうき》』によれば、元となる一切経は上野国緑野郡緑野寺《みどのでら》にありました。浄土院・浄法寺とも呼ばれ藤岡市浄法寺《じょうぼうじ》に現存しています。『叡山大師伝』はじめ多くの史料から、道忠の活動は、緑野寺を拠点に上野、下野、武蔵へと広がっていたことを知ることができます。

度重なる遭難を乗り越えて来日した戒律の師・鑑真和上（六八六〜七六三）「持戒第一の弟子」と書かれることは、鑑真の衣鉢《いはつ》を継ぐ人物だという評価です。日本最初の仏教通史『元亨釈書《げんこうしゃくしょ》』の中でも、道忠は、日本人でただ一人、鑑真の弟子と記されています。

なぜ、そうした人物が東国にいたのでしょうか。『叡山大師伝』も『元亨釈書』も、その理由を記しませんが、鑑真遷化の後、鑑真の元で写し集めた一切経を携えて故郷へと帰り、地域のために生

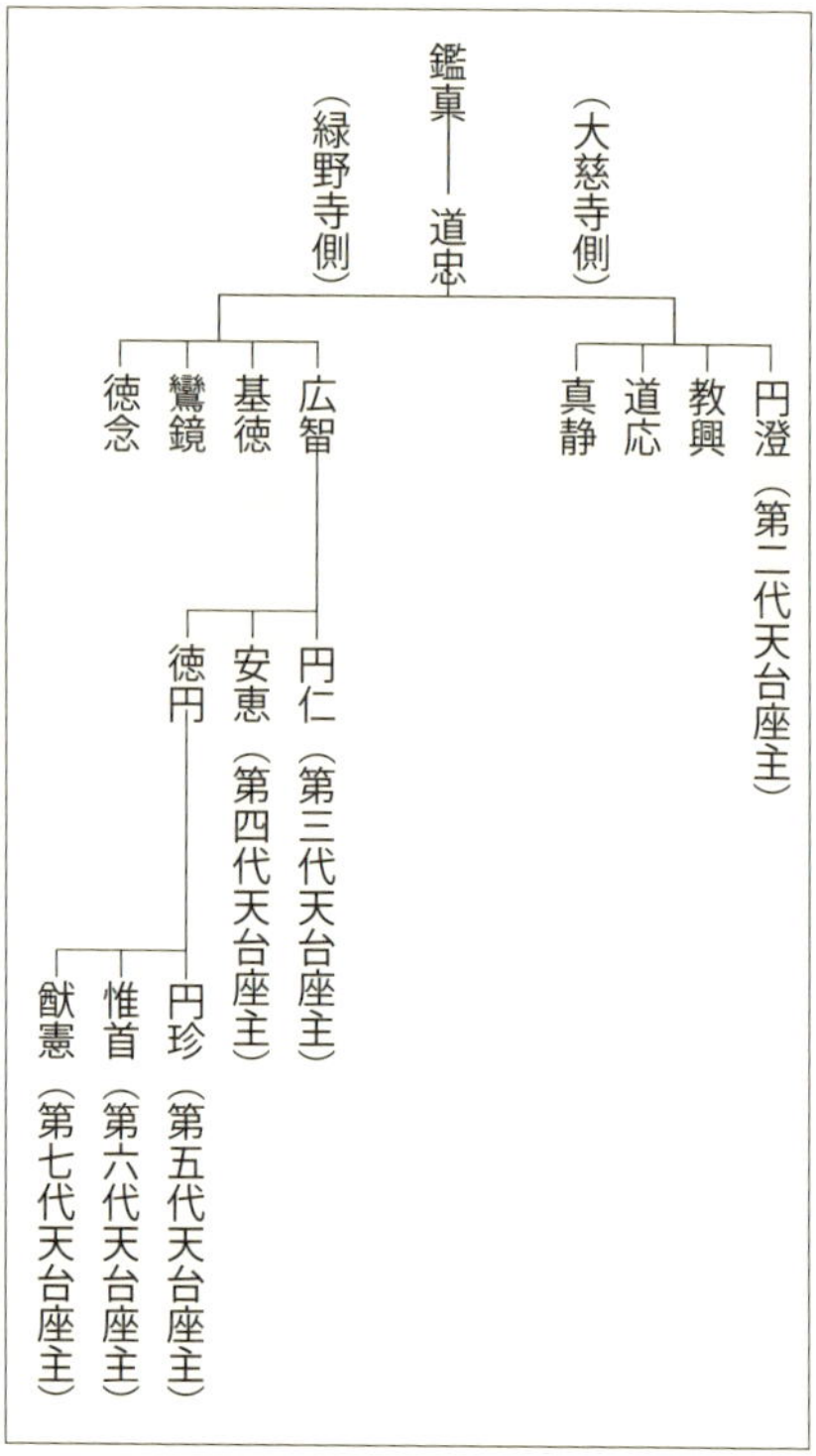

涯を尽くされたのでしょう。「伝法利生、常に自ら事と為す」。まさに菩薩行の実践者でした。『元亨釈書』は「道忠菩薩」という文言も使っています。

二千巻という量、一年での達成から考えて一切経助写が道忠ひとりで行われたとは考えられません。「遠志に知識」という文言に弟子や人々を率いた趣が感じられます。

『叡山大師伝』の中で「知識」の文言が現れるのは道忠の一切経助写と、それに続く緑野寺での法華経「千部写経納経」の部分だけです。しかも重ねて「知識」の文言が現れています。諏訪大神までもが緑野寺納経の助写に知識したいと願って神異を見せたという話を載せているほどです。写した二千巻の経を持って叡山に上り、修行を積んで第二代天台座主《ざす》にまでなるのが円澄《えんちょう》（七七二〜八三七）ですが、下野国に止まり菩薩行に専念した人物がいました。広智《こうち》と言います。第三代天台座主円仁《えんにん》（七九四〜八六四）の師で、下野国人から「広智《こうち》菩薩」と呼ばれていたと伝わります。

そして驚くべきことに、右図のように、円澄・円仁はじめ、道忠・広智の弟子たちが天台座主を継承していきます。

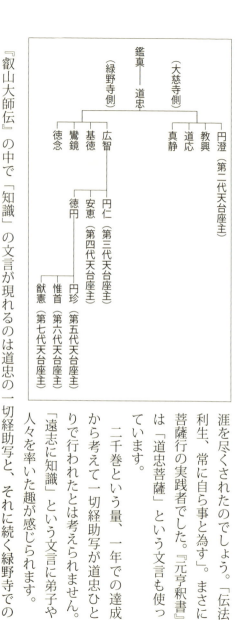

円仁に結晶する東国の知識・菩薩行

円仁と言えば入唐求法《にっとうぐほう》の旅があまりにも有名ですが、その旅の前に、彼は二回旅をしています。一回目は師・最澄のお供をしての東国巡錫、弘仁八（八一七）年の上野・下野両国での経塔建立です。故郷に錦を飾る旅でした。

しかし、直後の弘仁九（八一八）年七月、マグニチュード七・五と推定される地震が関東、とくに上野・下野国境を襲います。『類聚国史』（災異五　地震）によれば、「相模・武蔵・常陸・上野・下野の国、地震。山崩れ谷埋まること数里なり。……圧死する百姓、勝《あ》げて計《かぞ》うべからず。八月庚午、使いを遣し諸国を巡省す。……上野国等の境、地震災いを為し、水潦相仍《よ》り、人・物凋損《ちょうそん》す。」という惨状でした。

円仁には大変な衝撃でした。

師とともに下野の故郷に宝塔を建て、経を納め、講義もした。

これで平安が保たれるはずなのに、なぜ、その地を地震が襲い、多くの人々が亡くなり、安住の地を奪われるのか。

仏が与えた試練としてはあまりにも過酷だ。

これに打ち勝つ理論と実践が必要だ。

まずは、その救済・復興に向かわねば……。

最澄遺言の一二年の籠山行さえ彼は途中で切り上げて天長六（八二九）年に関東・東北へと向かいました。居ても立ってもいられない。現場で修行を重ねることが師の本意……。

だが、彼が痛感したのは自らの至らなさ、力のなさ、人々を救いきれない仏道の未熟でした。

叡山に帰った円仁は、心身ともに鬱状態に陥ってしまったと史書や伝記は語ります。

円澄が救いの手を差し伸べます。遣唐使への同乗の誘いがある、理論・実践両面での悩みを唐で解決してくるがよい。叡山の徒とすべての民のために……。これが承和二（八三五）年から一二年間に及ぶ、かの入唐求法の旅となります。

帰国後、彼は叡山・都周辺での活動に忙殺されます。

しかし不思議なことに、無数の東北・関東の寺が……恐山（青森県むつ市）も、中尊寺・毛越寺《もうつうじ》（岩手県平泉町）も、黒石寺《こくせき》（岩手県奥州市）も、蚶満寺《かんまん》（秋田県にかほ市）も、瑞巌寺（宮城県松島町）も、山寺（立石寺《りっしゃく》。山形県山形市）も、霊山寺《りょうぜん》（福島県伊達市）も……帰国後の承和十四（八四七）年以降、円仁によって開かれたと伝えています。

故郷そして奥羽の地の人々の苦難を克服し安住をもたらす仏教とは何か。苦難は自然災害だけではなかったでしょう。兵乱や暴政もあったでしょう。それを地域の人々とともに克服していく仏教を求め続けた円仁の心が開いた寺々であり、伝説です。円仁に、まさに知識した道俗男女が拠り所として建てた堂宇でありましょう。金井沢碑に端を発する東国の知識は菩薩の教団を生み出し、自ら進んで堂宇を建てるまでに成長しました。

奈良・平安の仏教と言うと、鎮護国家の官制仏教と思いがちですが、地域における知識と菩薩僧の活動によって人々の血肉となり地域に根ざしました。

ここに現代に繋がる日本人の心の礎が生まれたのです。

このように、上野三碑は、それぞれの価値だけでなく、総体として、現代に生きる日本語、日本国家と地方のありよう、日本人の心の成り立ちを刻み、かつ、読み継ぐことのできる至宝中の至宝です。

そのことの一端を実感いただけたでしょうか。

金井沢碑が指し示す先を考えてみましょう

「知識結而」が金井沢碑の要であることはお分かりいただけたと思いますが、知識を結んで何をしたのかが文面からだけでは分かりません。「石文」と記されているばかりです。祖先供養は確かですが、その為だけなら、わざわざ「知識結而」とする必要があったのでしょうか。

そう問いかけるいくつかの理由があります。

まず『日本霊異記』などに記される知識は、僧侶や国司に率いられて、造寺・造塔・造仏、写経・納経などの行動を起こしています。

一方で、多くの人々が力を寄せて石に像と造像記を刻んだ例は海を渡った統一新羅に先例がありました。「石記」の例として紹介した癸酉（六七三）年銘の三尊千仏碑像です。

わが国でも、七世紀半ば以降、造塔銘を持った石塔（竹野王《たけのおう》多重塔）や仏足石記《跡》、経文や菩薩像を刻んだ磨崖碑（宇智川《うちがわ》磨崖碑）が作られています。

とくに天平勝宝五（七五三）年の仏足石記（奈良市西ノ京町・薬師寺）と七七〇年代の宝亀□年銘宇智川磨崖碑（奈良県五條市小島町）には、「知識」の文字も見られます。

知識を率いて土塔を造った行基を『続日本紀』が次のように評していることも注目されます。声に出して読んでみると、書かれていることがよく分かります。

親《みづか》ら弟子等《ども》を率《ひき》ゐて、諸《もろもろ》の要《ぬ》害《み》の処《ところ》に橋を造り陂《つつみ》を築《つ》く。聞《きき》見ることの及ぶ所、咸《みな》来りて功《いさおし》を加へ、不日《ふにち》にして成る。……時の人号《なづ》けて行基菩薩と曰《い》ふ。留止《とどま》る処には皆道場を建つ。その畿内には凡《およ》そ卌《四》九処、諸道にも亦往々《またところどころ》に在《あ》り。（天平勝宝元年二月丁酉条。原漢文）。

行基が四九もの道場を造るだけでなく、弟子を率いて橋を架けたり堤を築いたりしたことに多くの人々が率先して参加したという記述です。

僧侶たちだけの狭義の仏教的営みから、多くの人々の参加を得ての社会的活動へと展開しています。それを牽引する実践的指導者が「菩薩」と呼ばれたことも分かります。

行基が師と仰いだ人物に道照（六二九〜七〇〇）がいました。孝徳天皇の白雉四（六五三）年の遣唐使船で入唐し三蔵法師・玄奘《げんじょう》から親しく教えを受けて帰国した僧です。元興寺の禅院に住みますが、それに満足せず「天下を周《めぐ》り遊びて路《みち》の傍《かたはら》に井《ゐ》を穿《うが》ち、諸《もろもろ》の津済《わたり》の処に船を儲《まう》け、橋を造りぬ」と書かれた人物です（『続日本紀』文武天皇四年三月条）。

道照のこの営みが行基の営みにつながっていきます。

そこに金井沢碑の知識が指し示したものがあるように思われます。

古代東アジア文化を受け容れた上野国の人々が文字を刻み、
一三〇〇年の間大切に伝承してきた日本最古の石碑群。

世界記憶遺産候補・上野《こうずけ》三碑《さんぴ》

平成二十七（二〇一五）年九月二十四日、ユネスコ国内委員会は、二〇一七年夏に開催予定のユネスコ国際諮問委員会に登録を申請する二案件の一つに上野三碑世界記憶遺産登録推進協議会（横島庄治会長）提出の上野三碑《こうずけさんぴ》（Three Cherished Stelae of Ancient Kozuke）」を決定しました。

申請書は、「世界的重要性」として、

(1)ユーラシア東端の地への渡来文化（漢字、仏教、政治・社会制度）の伝播と受容
(2)渡来文化の日本的変容と普及
(3)多民族共生社会の証
(4)現代につながる東アジアとの文化交流
(5)地域が守ってきた歴史遺産

以上の五点を強調しています。

「多民族共生社会の証」について若干の補足を付け加えさせていただきましょう。

申請書は、「渡来文化を受容してきた上野国は、地元の人々、朝鮮半島から渡来した人々、東北地方から移配した人々などから成る多民族共生の社会が確立した地域である」と記しています。

渡来文化の日本的変容

そして「朝鮮半島から渡来した人々」に関して三つのことが記されています。

第一は、上野三碑が建てられた地域には多数の渡来人がいたこと。

この点については多言を要しないでしょうが、多胡郡の過半を占める地域が属していた甘良（楽）

郡の「甘良(楽)」も「韓」と見られることを付け加えたいと思います。群馬県西南部を流れる主要河川、烏川《からすがわ》・鏑川《かぶらがわ》・神流川《かんながわ》の全ての語源が韓《から》川である可能性もあります。

しかも渡来の波は、一度きりではなかったでしょう。出身の地域も多様だったと思われます。その様相を明らかにしていくことは、多民族共生の証を確実にしていくことになるでしょう。

第二は、地域一帯には、五世紀半ばあたりから朝鮮半島由来の文物や史跡が累積しており、朝鮮半島との活発な交流が推定されること。

申請書では綿貫《わたぬき》観音山古墳と八幡《やわた》観音塚古墳の幾つかの出土品を紹介していますが、両古墳の出土文物の中には百済《くだら(ペクチェ)》武寧《むねい(ムリョン)》王陵出土の文物と直接的に繋がる出土品があることは再度強調しておきたいところです。武寧王陵は王・王妃の合葬墓ですが、発見された買地券《ばいちけん》と呼ばれる墓誌から、武寧王ご夫妻の亡くなられた年、埋葬された年が明確になった古代朝鮮半島唯一の王陵です。王は五二三年に亡くなられ五二五年に埋葬、王妃は五二七年に亡くなられ五二九年に埋葬です。

王の頭部に置かれていた鏡が綿貫観音山古墳の鏡と同形の鏡でした。王妃の棺に副葬されていた、「盞《せん》」と呼ばれる、托《たく》が銅で蓋付の杯《はい》が銀製の托杯によく似た金銅製（銅に金メッキ）の托杯（「承《しょう》台付蓋鋺《だいつきふたわん》」と呼ばれています）が八幡観音塚古墳から二点出ています。完全な托杯は日本列島では四点しか見つかっていないという希少品です。

綿貫観音山古墳からは、中国北朝・北斉《ほくせい》（五五〇～五七七）の墳墓に集中して見られる銅製の瓶も見つかっています。今のところ、同様な瓶は、日本列島のみならず朝鮮半島からも一つも出土していませんが、法隆寺献納宝物には少なくとも四点、少し幅を広げれば一一点も納められています。

直接に北斉からもたらされたかは不明ですが、朝鮮半島ばかりでなく、中国北朝や法隆寺との縁を探ることも、多民族・多文化共生の証を豊かなものにしてくれるでしょう。

一つの憶測を加えておきましょう。群馬県人が上毛三山《じょうもうさんざん》と呼ぶ山の一つ、榛名山《はるな》の語源です。

榛名山は、東歌《あずまうた》では「伊香保《いかほ》」と呼ばれています。伊香保は「厳秀《いかほ》」。『古典基礎語辞典』に直接の説明はありませんが、「厳《いか》めし」と「秀《ほ》」の解説から「内部にみなぎる力が、強い勢いをもって外に表れ」んとするさまが際立つ状況を示す文言と言ってよいでしょう。

「厳秀」を生んだのは、西暦五〇〇年前後から半世紀にわたって繰り返された榛名山の大噴火です。発掘調査によって噴火の激しさと被害の甚大さが分かってきています。火砕流や噴石、降灰が人も集落も覆い尽しました。川も堰き止められ大土石流や洪水を引き起こしたようです。

上毛野国《かみつけののくに》あるいは東国《あずまのくに》の人々は甚大な被害を克服し、前代以上の豊かさを実現していきます。救済・復興の営みと並行して、怖れを恵みに替える神祭りが重ねられたと見られます。

大噴火が直撃した東麓にその名も伊香保神社が並ぶのに対し、南麓には朝鮮半島からの渡来の人々が多くいたと見られています。その人々も大噴火に直面し、あるいは語り継いだことでしょう。

日本列島が火山列島なのに対し、朝鮮半島にはほとんど火山がありません。活火山は、中国・北朝鮮国境の白頭山《ペクトウサン》と韓国・済州島《チェジュド(さいしゅうとう)》の世界自然遺産・漢拏山《ハルラサン》と鬱陵島《ウルルンド(うつりょうとう)》だけです。

史上、漢拏山の噴火が確認されているのは一一世紀初頭ですが、無数の側火山があることを考えれば、それ以前に度々噴火していたことは確実です。漢拏山噴火の記憶を持った渡来の人々が、榛名の度重なる大噴火に直面した時「まるで漢拏《ハルラ》のようだ」と呼んだ可能性はないでしょうか。

第三は、上毛野国《かみつけののくに》の名を負う上毛野君《かみつけののきみ》の祖先伝承などに朝鮮半島との外交記事が見られること。王仁《わに》という学識者を招くにあたって使者とされたのが上毛野君の祖であるという伝承は先にも紹介しましたが、貴族・官人層の間では著名な共通理解となっていたことに注目しておきたいと思います。時代は下って平安時代初めのことですが、王仁の後裔を名のる渡来の人々は、自分たちは上毛野君の祖、荒田別《あらたわけ》によって日本に迎えられたと訴え、認められています（『続日本紀』延暦九（七九〇）年七月条・延暦十年四月条）。

『日本書紀』舒明天皇九（六三〇）年是歳条も興味深い語りを載せています。上毛野君形名《かみつけののきみかたな》（方名君《かたなのきみ》）が蝦夷《えみし》との戦いに敗れて壘《そこ（=とりで）》に追い込まれ、蝦夷に囲まれて逃げ出そうとした際、妻は語ります。読み下しで読んでも律動感のある力強い言葉です。

慷哉《うれたきかな》、蝦夷の為に殺されむとすること。汝《いまし》が祖等《おやたち》、蒼海《あをうなはら》を渡り、萬里《とほきみち》を跨《あふどこ》びて、水の政《をちかたまつりごと》を平《ことむ》けて、威武《かしこくたけき》を以《も》て後葉《のちのよ》に伝へたり。今汝《いまし》頓《ひたふる》に先祖《おや》が名を屈《くじ》かば、必ず後世《のちのよ》の為に嗤《わら》はれなむ。

夫に酒を飲ませ、夫の剣を佩き、十の弓を張り、女人数十人に弦を鳴らさせたと続きます。励まされて形名たちも再度立ち上がり、蝦夷を大いに破ったと記されます。

あまりにも言葉が整って美しいだけに、首長権継承儀礼の一幕ではという疑問を禁じえませんが、危急存亡の際に海外での活躍の様が語られる中に、上毛野君のありようが浮かび上がります。威武が強調されていますが、王仁招聘の使いに象徴される文化的平和的な働きも少なくなかったことでしょう。この話に「かかあ天下」と言われる群馬女性の原像を見る人もいるようです。
掘り下げていけば、東アジア世界に繋がる交流の様相がさらに見えてくるでしょう。
上野三碑に即して、その背景を探ることで、私たちは東アジア世界の成り立ちと交流の実像に迫ることができます。そこにこそ、上野三碑最大の価値があります。

アジア世界との交流は、上野三碑建立前後のことだけではありませんでした。三碑建立から千年以上も経った宝暦十四（一七六四）年、多胡碑拓本は、それを称賛した朝鮮通信使の手で朝鮮王朝に渡りました。そして半世紀の後、朝鮮王朝の清国への使（燕行使）によって多胡碑拓本は清国に渡り、清国の書家や学者の注目の的となります。

日本を中華文明の外縁と思っていた朝鮮王朝・大清帝国にとって、千年も前に評価に値する書が碑に刻まれ、実物が存在し続けていることは、想像を絶する一大事でした。日本は文化の国として見直されます。そこから新たな交流が生まれていった一端はコラムでも記しましたが、現代日本の行く末を見通すうえで上野三碑は新たな輝きを示しているように思われます。

上野三碑が、現代に語りかけること

申請書にある「⑷現代につながる東アジアとの文化交流」の意味を拡張して私見を加えたいと思います。

上野三碑が世界記憶遺産国内候補となった二カ月ほど後の二〇一五年一二月一三日、COP21（国連気候変動枠組条約第21回締結国会議）パリ協定（Paris Agreement）が締結されました。このままでは今世紀末には産業革命以前と比べて世界の平均気温が四度以上上昇してしまう、世界のすべての国と地域が協調して最高でも二度未満の上昇に抑え込もうという合意です。

すべての国と地域が化石燃料をはじめとする資源・エネルギーの際限なき使用を抑制し、再生可能エネルギーに可能な限り置き換え、気候変動・地球温暖化によって生じている様々なリスクに適応しつつ、それを抑え込んでいこうと合意したことの意味は大きなものがあります。

そうした形での協調こそが七〇億を超えた全人類が共存し他の動植物との共生を続けていく上で緊急かつ永続的な課題であることは、実は半世紀も前から指摘されてきました。

一九七二年のローマクラブの勧告「成長の限界」に始まり、一九九二年のリオデジャネイロ国連環境会議アジェンダ21で「持続可能な開発（Sustainable Development）」という言葉に集約されます。

世界遺産の理念が「持続可能な開発」の考えに立っていることはよく知られているところですが、「持続可能な開発」は、人と環境の関係ばかりでなく、人権や法の支配の根幹にかかわる思想として共有され、国際連合は一九九三年のウィーン宣言及び行動計画などの基礎となる考え方と位置づけました。

頻発する異常気象や、水や食糧、資源やエネルギーを巡って発生する衝突、戦争のニュースに接するたびに人と人、地域と地域、国と国、人類と他の動植物が共に生き続け、豊かさを分かち合い続けるためには、持続可能な開発という思想が日々の行動指針であることを痛感させられます。

そのために一番必要なことは、自らのアイデンティティを確立、大切にするとともに、他者のアイデンティティを尊重し、相互理解を促し、文化や技術の移転・融合・協調を進めることでしょう。そして、世界のことを地域で考え解決し、世界との交流・ネットワークを育むことです。

そのことをユネスコは、Think Globally, Act Locally（地球規模で考え、地域で活動する）という言葉で示してきましたが、近年、さらに進めてGlobalとLocalからなる造語Glocalを生み出し、Think and Act Glocallyと言い始めています。それだけ地球が小さくなり、地域のネットワーク化が進んだということでしょう。まさにグローカルなネットワークの時代が幕を開けています。

そう考えた時、上野三碑が刻んだ事柄と建立の事実はその先蹤であったと思われます。

第一に、多胡碑は、郡という地方組織を作る命令に対して、それを受け止め、地域の営みとして「郡を成した」宣言でした。地域の側からの視線が一貫していました。

国家と地域は、単なる上下関係でもなければ、反発し合う存在でもありません。相互の役割と位置づけを認め合いながら利害を調整していくことが大切です。そのことは、地球益と国益、国益と国益、国益と地域益、地域益と地域益が絡み合う時、最も必要とされるスタンスです。

その時思い出したいのは、多胡郡と多胡碑の成り立ちです。

多胡郡という地域の成り立ちと構造そのものが東アジア文化交流の賜物でした。

その展開、拡張の方向を、いま私たちは継承し続けたいものです。東アジアの今日的状況にはなおぎくしゃくしたものがあります。それだけに、それを克服していく一つとして、多胡郡の成り立ちと構造、多胡碑が結んだ東アジアの円環の歴史を思い起こし、活かしていきたいものです。

第二に、完全な形で現存する最古の日本語碑である山上碑のありようです。強調してきたように、日本列島に暮らし社会を営んできた人々は固有の文字を持っていませんでした。すぐ近くには漢字・漢文を文明の核とする中華が存在していました。しかも漢字・漢文の体系は、私たちの話し言葉とは全く異なるものでした。私たちは、漢字・漢文をそのままに受容し、書き言葉と話し言葉を異にして暮らすしかありませんでした。

そうした状況から、漢字・漢文を充分に理解し、それを自分達の言葉を表す文字と構文の体系に組み替えていきました。それは日本史上、最高位の文化的出来事、文明の転換でした。

同じ営みが朝鮮半島でも行われました。正確に言えば、朝鮮半島が先行していましたが、わが列島が日本国として、朝鮮半島が新羅国として、その統一と国家的様相を固めた頃、両地域で、漢字・漢文を組み直した日本語と新羅語の構文体系が成り立ちました。山上碑と、それを前後する新羅を中心とする朝鮮半島諸地域の碑文は、その証人であり、三碑の中にその交流の様子が見られることは、事例を示して見ていただいたとおりです。

そこに見られるのは、自らのアイデンティティをしっかりと確立しつつ、他の文化を受け入れ、自らの文化の発展に融合、変化させた営みです。そして日本も新羅も、日本語・新羅語と漢文との真にバイリンガルの文化を生み出していきました。それがあったからこそ、千年後に多胡碑が再評価される筆談が生み出されたのです。多文化共生の一つの姿がそこにあります。

その山上碑の核心の言葉は「母為」です。母への感謝、自分を育ててくれた者への感謝は、広く人を取り巻く事物への感謝に広がっていくはずです。山上碑の核心の言葉「母為」を環境・人権両面にわたる持続可能な開発の一つの標語にすえることができるとさえ私は思っています。

第三は金井沢碑の「知識を結ぶ」という思想です。

近代日本にあっては、知識は knowledge の訳語となりますが、元々は仏教の言葉でした。知も識も「しる」であることに原点があります。仏の教えを知り、共に学び生かし合うことを知っている仲間を「善知識」と言いました。

そこから進んで「知識を結ぶ」は、仏教を拠り所として人々が助け合う仲間を作る言葉となっていきます。金井沢碑の場合、祖先供養という面が強く出ていますが、「知識を結ぶ」という言葉は、地域で暮らし合うために、地域を訪れる人が気持ちよく過ごせるように、支え合いの仲間を組む意味を強めていきます。そのうねりの中から日本仏教の祖師たちが陸続として生まれていきました。彼らの多くが東国出身の仏者であり、渡来人の後裔であったことは、「知識を結ぶ」営みが東アジアの草の根交流の賜物であることを知らせてくれています。

日本はキリスト教圏ではないのでボランティア（Volunteer）精神がない、自発的な社会参加の経験に乏しい、寄付の文化がないと物知り顔で語る人がいます。大変な誤解です。「知識を結ぶ」こそ、キリスト教圏のボランティアに匹敵する仏教圏の自発的社会参加、共助の行動原理です。その最初の宣言のひとつが金井沢碑であることに思いを馳せたいものです。

「持続可能な発展」を具現する行動原理として、グローカルの思想のもと、自発的な社会参加に基づく共助・協働が挙げられています。その行動原理として、私たち東アジアの民は「知識を結ぶ」を掲げることができるのではないでしょうか。「知識」という言葉の現代的な意味であるknowledgeを重ね合わせて佐野三家や多胡郡を見れば、「知識を結ぶ」を具現化する力が、技術・経営のたゆまぬ革新と交流にあったことが看て取れます。志の結集と技術・経営、その両輪を回すことの大切さを知らせてくれる意味でも三碑の現代的意義は大きいと言えましょう。

奇しくも二〇一七年、時を同じくして日韓両国の民際共同による「朝鮮通信使関連資料」の世界記憶遺産登録と、玄界灘に浮かぶ「神宿る島」宗像・沖ノ島と関連遺産群の世界文化遺産登録とが審議されることになりました。

いずれもが日韓・東アジアの交流が生み出した人類の至宝です。

これを天祐の機会として、グローカルな世界形成の一歩を付け加えていきたいものです。

あとがき

二〇一二年春五月、群馬県議会議員のお一人から、上野三碑の認知度を上げる手はないかと問いかけられました。一年前の山本作兵衛炭坑記録画世界記憶遺産登録の衝撃も覚めやらぬ中、咄嗟に世界記憶遺産登録はどうかと答えました。早速に県議会で取り上げられ、知事も即座に賛同の意を表されました。

それから僅か四年。県や地元・高崎市をはじめとする多くの方々のご理解とご尽力のお蔭で、上野三碑は、二〇一七年夏の登録審査を待つまでになりました。

私は、高崎の街なかで生まれましたが、縁あって山上碑・金井沢碑が建つ山名町の一隅に暮らしています。山上碑までは歩いても三〇分とかかりません。そこから、その名も「石碑の道」と名付けられた尾根伝いに四〇分で金井沢碑に至ります。私どもは三碑に生かされている存在とさえ思えるほどです。

溯れば、母が高校の教師だった関係で、群馬県のみならず全国に名を知られた書家、画家、文学者の先生方の薫陶を早くから受け、中学生の頃から上野三碑を身近に感じていました。

京都大学在学中は、恩師・上田正昭先生、群馬大学名誉教授・尾崎喜左雄先生のご指導のもと、三碑の研究に本格的に着手することができました。

本書上梓の直前、上田先生を失ったことは痛恨の極みです。

いま私は、群馬県立女子大学に勤務することで中国古典学の権威・濱口富士雄先生、上代文学・上代語研究の第一人者・北川和秀先生より日々親しくご教示を得られる環境下にあります。

石碑は読まれてこそ価値があり伝わるものであるという思いは募るばかりです。

最後になりますが、この本は、雄山閣の編集者である安齋利晃さんとの、本当に二人三脚で成り立ったものであることに深く感謝して「あとがき」といたします。

二〇一六年四月　熊倉　浩靖

【著者略歴】

熊倉　浩靖（くまくら　ひろやす）

1953 年　群馬県高崎市に生まれる。

1971 年　京都大学理学部入学。全学連・全共闘運動に参加し中退。

　　　　京都大学在学中から上田正昭氏に師事。

1975 年　井上房一郎氏の指導のもと、高崎哲学堂設立運動に参画。

その後、シンクタンク勤務を経て、現在、群馬県立女子大学教授・群馬学センター副センター長。

著　　書　『日本語誕生の時代―上野三碑からのアプローチ』（2014 年）

　　　　　『古代東国の王者―上毛野氏の研究―』（2008 年）ともに雄山閣。

　　　　　その他、編著・共著書多数。

連 絡 先　hiro-kumakura@npogunma.net

平成 28 年 4 月 25 日 初版発行　　《検印省略》

上野三碑《こうずけさんぴ》を読《よ》む

著　者　熊倉浩靖
発行者　宮田哲男
発行所　株式会社 雄山閣

〒 102-0071　東京都千代田区富士見 2-6-9
電話 03-3262-3231 (代)　FAX 03-3262-6938
http://www.yuzankaku.co.jp
E-mail　info@yuzankaku.co.jp
振替　00130-5-1685

印刷製本　株式会社ティーケー出版印刷

ISBN978-4-639-02401-9　C0021
N.D.C.213　144p　19cm

毛野の実像に迫る—。

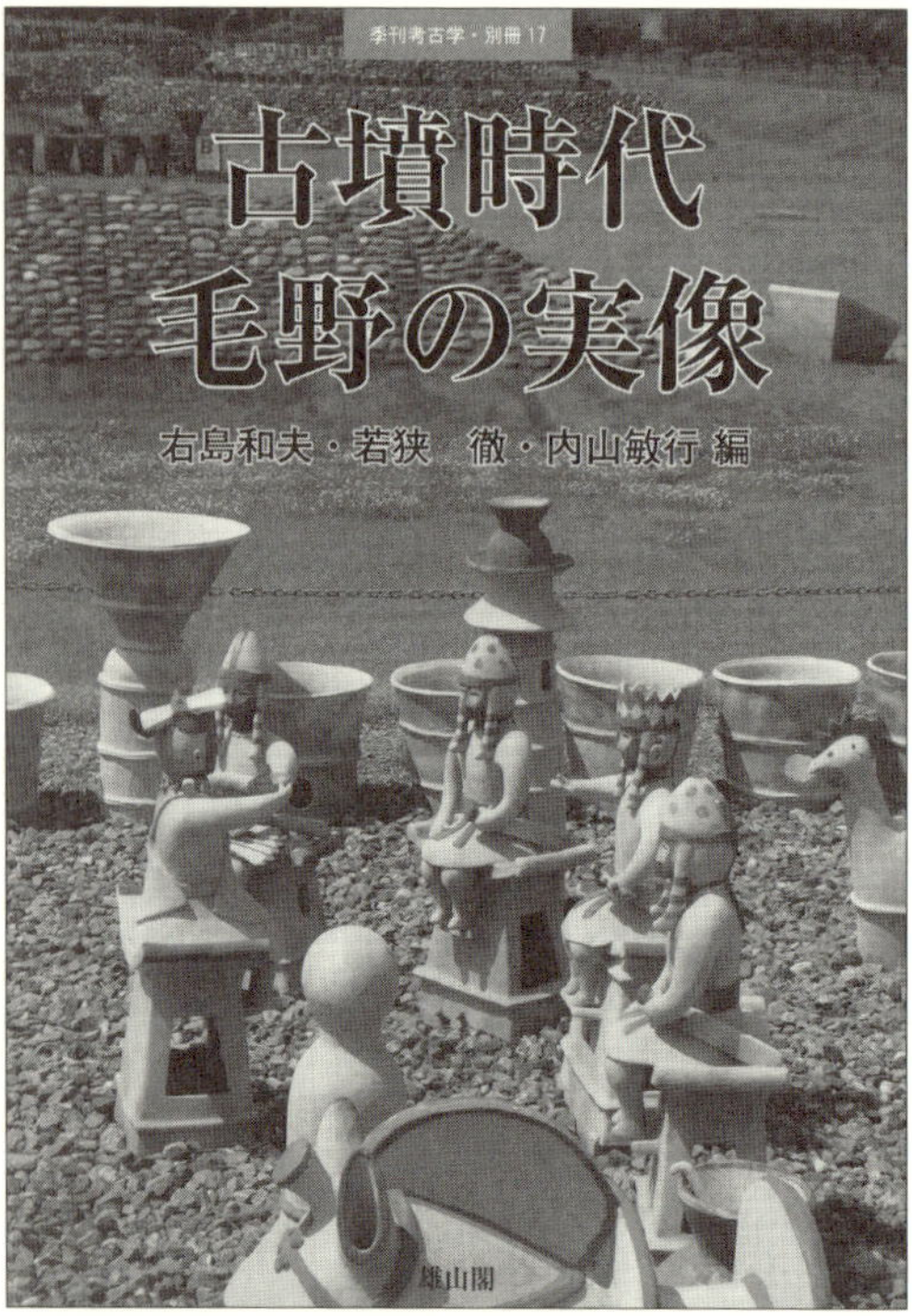

総 論 古墳時代の毛野・上毛野・下毛野を考える
第１章 古墳時代毛野の諸段階
第２章 遺構・遺物から見た毛野の諸相
特 論 文献史料からみた七世紀以前の毛野

季刊 考古学 別冊 17

古墳時代毛野の実像

右島 和夫・若狭 徹・内山 敏行 編
172p B5 判 並製 本体 2,600 円 + 税

『日本書紀』『続日本紀』『新撰姓氏録』などにあまた登録して
文武両面にわたりその活躍が伝えられる上毛野氏―。

これまで上毛野国の在地勢力としての視角からのみ語られてきた古代有力豪族の真の姿を、
系譜を同じくする関係氏族<東国六腹の朝臣>や
始祖後末裔渡来伝承の分析を通して、
列島・東アジアの視点から描き出す。

古代東国の王者― 上毛野氏の研究―

改訂増補版

熊倉浩靖 著

310p A5 判 上製・カバー　本体 5,600 円 + 税

より深く、上野三碑から知る
日本語誕生の頃。

列島を飛び交い営なまれてきた“ことば”が日本語として定着していく過程と、
国家・国民の成立はどのように重なり合ったのか。
上野三碑（山ノ上碑、多胡碑、金井沢碑）からアプローチをはじめ、
韓半島の石碑にまで考察の翼を広げながら、大いなる謎を紐解いていく。

日本語誕生の時代

―上野三碑からのアプローチ―

熊倉浩靖 著

240p A5 判 並製・カバー　本体 2,750 円＋税